Wolfgang Feyerabend

Quer durch Mitte · Die Friedrich-Wilhelm-Stadt

BERLINISCHE REMINISZENZEN 82

Wolfgang Feyerabend

Quer durch Mitte
Die Friedrich-Wilhelm-Stadt

HAUDE & SPENER

Fotos: Wolfgang Feyerabend
Umschlagfoto: Wolfgang Feyerabend;
Blick von der Weidendammer Brücke zum Schiffbauerdamm

Die Deutsche Bibliothek – CIP-Einheitsaufnahme

Feyerabend, Wolfgang:
Quer durch Mitte : Die Friedrich-Wilhelm-Stadt / Wolfgang Feyerabend. – Berlin: Haude und Spener, 2000
(Berlinische Reminiszenzen; 82)
ISBN 3-7759-0463-8
NE: GT

Satz: Volker Spiess, Berlin
Umschlag: Yvonne Götz, Berlin
Gesamtherstellung: Color-Druck Dorfi GmbH, Berlin
ISBN 3-7759-0463-8

Inhalt

Am Haupteingang zur Charité

Auf einen Blick

Dorotheen- und Friedrichstadt sind den meisten Berlinern und Berlin-Besuchern ein Begriff. Vom Dorotheenstädtischen Friedhof, auf dem Fichte und Hegel, Schinkel und Stüler, Bertolt Brecht und Anna Seghers ihre letzte Ruhestätte gefunden haben, hat fast jeder schon einmal gehört. Und zur Friedrichstadt fällt vielen der Friedrichstadtpalast ein, das bekannte Revuetheater. Daß sich der Dorotheenstädtische Friedhof nicht in der Dorotheenstadt befindet und der Friedrichstadtpalast nicht in der Friedrichstadt, mag verwirren, bezeugt aber die enorme Strahlungskraft dieser beiden schon im späten 17. Jahrhundert gegründeten Stadtquartiere. Ihr Licht illuminiert sogar die Ränder, erbeten oder nicht erbeten.

So kommt es, daß zwar alle Welt das Deutsche Theater, das Berliner Ensemble und die Charité kennt, kaum aber jemand den Namen des dazugehörigen Gebietes. Es wird wohl von denen, die überhaupt einen Gedanken an die Topographie verschwenden, für einen Ausläufer oder eine Wucherung der vorgenannten Stadtteile gehalten. Zumal der alte Friedrichstadtpalast, ehe er abgerissen wurde und als Plattenbau an der nördlichen Friedrichstraße Wiedergeburt feierte, in eben diesem Viertel stand, und der Dorotheenstädtische Friedhof gegen Nordosten hin noch immer dasselbe begrenzt.

Die Rede ist von der Friedrich-Wilhelm-Stadt, die sich von der Invaliden-/Hannoverschen Straße bis zum Schiffbauerdamm und von der Friedrichstraße bis zum Spreebogen erstreckt. Einem Viertel mit Vergangenheit, dem lange Zeit an-

Blick zum Schiffbauerdamm mit Bahnhof Friedrichstraße

zusehen war, daß es nicht mehr viel Zukunft hatte. Bis zum Fall der Mauer führte es, wie so mancher Innenstadtbereich Berlins, ein erzwungenes Mauerblümchendasein. Gegen den Spreebogen hin verhinderten die Ostberliner Grenzsicherungsanlagen jeglichen Austausch mit der Welt. Auf der Marschallbrücke unterbanden hohe Stellwände aus Wellblech sogar den Blickkontakt mit der westlichen Seite.

Mit der Vereinigung der beiden Stadthälften rückte die Friedrich-Wilhelm-Stadt wieder ins Zentrum Berlins und damit ins öffentliche Interesse. Zumindest erst einmal in das der Immobilienhaie. Wer sich Anfang der neunziger Jahre mit Kamera und Notizblock durchs Viertel bewegte, und sei es auch nur aus historischem Interesse, der konnte manch mißtrauisch-besorgten Blick der Anwohner ernten. Der frische Wind der wirtschaftlichen Konkurrenz, Restitutionsansprüche auf Häuser und Grundstücke sowie steigende Gewerbemieten ließen dann zwischen Albrecht- und Luisenstraße rei-

Hof Albrechtstraße Nr. 19

henweise alteingesessene Firmen und Geschäfte eingehen. Was um so tragischer war, als sich viele dieser über die DDR-Zeit selbständig Tätigen von der politischen Wende auch den Aufschwung ihres Unternehmens versprochen hatten. Mitte der neunziger Jahre wirkte der Stadtteil schließlich mausetot. Die abendlichen Theaterbesucher in der Schumannstraße oder am Schiffbauerdamm änderten an diesem Eindruck nur wenig.

Seither ist mit der zum Stadtbezirk Mitte gehörenden Friedrich-Wilhelm-Stadt ein erstaunlicher Wandel vor sich gegangen. Ganze Straßenzüge sind aufwendig restauriert worden. Zahlreiche Baudenkmale erstrahlen in neuem Glanz. Institutionen, Parteien und Medien haben sich angesiedelt. Das reicht von den Bundeszentralen Bündnis 90/Die Grünen und der Freien Demokratischen Partei bis zur Bundespressekonferenz und dem Bundesministerium für Bildung und Forschung, von der Berliner Dependance des Börsenvereins des Deutschen

Bundesgeschäftsstelle Bündnis 90/Die Grünen,
Platz vor dem Neuen Tor Nr. 1

Buchhandels bis zu den Berlin-Redaktionen namhafter in- und ausländischer Zeitungen. Eine florierende Kneipenszene ist entstanden und noch im Entstehen. Etliche der Wirte hatten vor dem Regierungsumzug das politische Bonn bekocht. »Klein-Bonn« nennen die Berliner das Viertel inzwischen.

Ironie der Geschichte: Bereits nach der Reichseinigung von 1871 wurde der Stadtteil im Volksmund als »Rheinisches Viertel« bezeichnet. Hier, nahe der Wilhelmstraße, um die herum

Gebäude der Bundespressekonferenz,
1998–2000 von Nalbach + Nalbach erbaut, Reinhardtstraße Nr. 53–59

sich die damaligen Landesvertretungen und Ministerien drängten, hatte sich ein Teil der Beamtenschaft angesiedelt, der aus dem Westen Deutschlands zugezogen war und in der Reichshauptstadt für die gewachsenen Verwaltungsaufgaben benötigt wurde.

»Berlin hat sich ganz außerordentlich verändert und ist jetzt eine schöne und vornehme Stadt ... Alles ist Leben, Frische, Wohlgekleidetheit. Ich freue mich, diese vernobelte Zeit, an die ich kaum geglaubt, noch erlebt zu haben«[1], vermeldete Theodor Fontane 1881 in einem Brief. Die Friedrich-Wilhelm-Stadt, in die er im Laufe seines Lebens gleich zweimal gezogen war, durfte sich in dieses freundlich-launige Urteil einbezogen fühlen.

Aus dem vorstädtischen Quartier, mit seiner überaus gemischten Bevölkerung, war ein bevorzugter Wohn- und Geschäftsstandort geworden. Am namhaften Universitätsklini-

Blick von der Kronprinzenbrücke zum Reichstag
und den Bundesbauten

kum, der Charité, studierten Studenten aus aller Herren Länder. Unter ihnen der Japaner Mori Ogai. Mit seiner Novelle »Das Ballettmädchen«, die 1890 erschien und Berlin zum Schauplatz des Geschehens machte, erlangte er Weltruhm. August Strindberg, der schwedische Dramatiker und Erzähler, wohnte ebenso wie der Schweizer Kulturhistoriker Jakob Burckhardt zeitweilig im Viertel. Ein Hauch von Welt wehte durch die Straßen.

Mit den am Spreebogen gelegenen Bundestagsbauten und dem Bundeskanzleramt sind die Zentren der Macht räumlich sogar noch näher gerückt. Vom Bundesministerium für Wirtschaft und Technologie oder dem Bundesministerium für Verkehr, Bau und Wohnungswesen an der Invalidenstraße, dem Presse- und Informationsamt der Bundesregierung oder dem ARD-Hauptstadtstudio am Reichstagufer haben sich darüberhinaus weitere hochkarätige Einrichtungen nahe des Viertels angesiedelt. Sie alle trugen zum rasanten Wiederaufstieg des Stadtteils in den letzten Jahren bei.

Der im Mittelalter zur »Bullenwiese« gehörende Karlplatz
mit dem von Fritz Klimsch geschaffenen, 1910 eingeweihten Denkmal
für den Mediziner und Ehrenbürger Berlins Rudolf Virchow

Die Vorgeschichte des Viertels

Im Mittelalter noch zur Feldmark des Dorfes Wedding gehörend, kamen mit der Verleihung des Stadtrechtes an Berlin die nordwestlich vor den Toren gelegenen Waldungen und Weideflächen unter städtische Hoheit. Die satten Wiesen beiderseits der Panke wurden von den Berliner Ackerbürgern fürderhin als Weideflächen, vorhandene Teiche zur Fischzucht genutzt. Eine dieser Weiden, die Bullenwiese, die sich westlich der Panke gegen den Spreebogen, den Unterbaum, hin erstreckte, wurde am 3. September 1410 Schauplatz eines dreisten Raubritterstückes. Von hier aus entführte Dietrich von Quitzow mit seinen Leuten den Berlinern das Vieh. Die ihm nachgesandte Bürgerwehr wurde in die Flucht geschlagen und kehrte unverrichteter Dinge in die Stadt zurück.

Die Raubritter Dietrich und Johann von Quitzow, die zwischen 1400 und 1410 zahlreiche Städte, Dörfer und Burgen unter ihre Herrschaft gebracht hatten, waren zu einer der mächtigsten und gefürchtetsten Adelsfamilien der Mark Brandenburg aufgestiegen. Als Günstlinge des schwachen und wankelmütigen Jobst von Mähren, der von Kaiser Karl IV. als Statthalter über die Mark eingesetzt worden war, hatten die Quitzows ausreichend Rückendeckung für ihre Raubzüge. Zunehmend rückte auch die handeltreibende, wohlhabende Doppelstadt Berlin-Cölln ins Zentrum ihrer Begehrlichkeiten.

Erst Friedrich IV., Burggraf von Nürnberg, der von Kaiser Sigismund als neuer Statthalter eingesetzt wurde, gelang es, die Kreise der Quitzows einzuengen und ihr Treiben zu been-

Gelände der Tierarzneischule mit dem Bett der Panke

den. Johann geriet in Gefangenschaft. Dietrich floh außer Landes. 1415 erhielt der Nürnberger Burggraf die Markgrafen- und Kurfürstenwürde. Er, der sich nun Friedrich I., Kurfürst von Brandenburg, nannte, begründete die neue, fünfhundert Jahre währende Dynastie der Hohenzollern.

Der Landbesitz an der Panke wurde im 16. Jahrhundert vom Magistrat an Johann Agricola, den Mitstreiter Luthers und Melanchthons, verkauft. Agricola war 1540 von Kurfürst Joachim II. als Hofprediger nach Berlin berufen worden und hat sich mit seiner Sammlung deutscher Sprichwörter einen bleibenden Namen gemacht. Nach dessen Tod und mehrfach erfolgtem Besitzerwechsel erwarb 1655 Friedrich Wilhelm, der Große Kurfürst, selber das Areal, das er dem Landbesitz seiner Gemahlin angliederte. Von hier aus, dem östlich gelegenen Vorwerk am Spandauer Tor, begann allmählich die bauliche Erschließung des sich bis zum Unterbaum, dem Wassertor, erstreckenden Gebietes.

»Schon zu Ende des 16ten Jahrhunderts war vor dem Spandauer Tore an der Spree ein kurfürstlicher Garten (wo jetzt Monbijou liegt); desgleichen hatte der Burgermeister Retzlow einen Garten und Meierei in der jetzigen Großen Hamburger Straße. Außerdem wohnten da nur sehr wenige Ackersleute nebst dem Weinmeister und dem Sauschneider. Im 17ten Jahrhundert ward hier fast nichts angebauet. Beinahe der ganze Teil dieser Vorstadt längs der Spree war Acker, der zu dem 1670 angelegten Vorwerke der Kurfürstin Dorothea gehörte. Die Kurfürstin und nachmalige Königin Sophie Charlotte ließ diesen Acker in verschiedene Stellen verteilen und verschenkte dieselben nach dem von ihrem Gemahl den 26. August 1691 erhaltnen Konsens gegen einen gewissen jährlich davon zu erlegenden Grundzins, den aber die Besitzer nachher durch ein unter sich aufgebrachtes Kapital abgekauft haben. 1691 verschenkte sie die Teile des Ackers, worauf itzt die Grundstücke in der Kalkscheunenstraße nach dem Wasser zu und zwischen der Kalkscheunen- und Kirchhofstraße liegen. 1697 war von dieser Vorstadt noch nichts als die jetzige Kirchgasse und Große Hamburger Straße nebst etwa 4 Häusern in der jetzigen Oranienburger Straße vorhanden. 1698 verschenkte die Kurfürstin Sophie Charlotte die übrigen Teile ihres Ackers, nämlich die itzt in der Flathogasse und Oranienburger Straße gelegenen Grundstücke. 1702 wurden auch die morastigen Gänsepfühle (in der itzigen Oranienburger Straße, zwischen der Wassergasse und Monbijou) den Besitzern der hinter denselben belegenen Grundstücke vom Magistrat gegen einen jährlichen Grundzins zugeteilt. Diese ließen sie austrocknen und rückten darauf mit ihren Grundstücken weiter in die Oranienburger Straße hinein. 1708 ward der Frischische große Maulbeergarten angelegt und die Gegend um das Koppensche Armenhaus in der Hospital- und Kleinen Hamburger Straße bebauet. So nahm diese Vorstadt an Einwohnern zu, daß 1712 Anstalt zu einer besonderen Kirche gemacht werden mußten. Unter König Friedrich Wilhelm gewann sie weit mehr, der 1716 die Gassen bis ans Oranienburger Tor abste-

Schiffbauerdamm mit Blick zum Bahnhof Friedrichstraße, im Hintergrund der Turm der barocken Sophienkirche

chen ließ und 1738 verschiedenen Schiffbauern Erlaubnis gab, sich auf dem jetzigen Damme anzubauen«[2], schildert Friedrich Nicolai 1786 in seiner »Beschreibung der königlichen Residenzstadt Berlin« die Entwicklung des Gebietes.

Die Grundstücksvergaben der Kurfürstin Sophie Charlotte waren die Geburtsstunde des vor dem Spandauer Tor angelegten und deshalb Spandauer Vorstadt genannten Geländes. Das Spandauer Tor befand sich am heutigen Hackeschen Markt. Die hier beginnende Oranienburger Straße war Teil des nach Spandau führenden Land- und Heerweges. Die Wassergasse ist heute die Tucholskystraße und die Flatho(w)-gasse die Ziegelstraße. Am Ende der Flathowgasse, dem Standort des Friedrichstadtpalastes, befand sich ein Kirchhof, der der Johannisstraße ihren ersten Namen gab: Kirchgasse.

Die frühe Bebauung begann also nahe der kurfürstlichen Meierei, dem Vorwerk. Offenbar verspürte Sophie Charlotte

Das 1994 enthüllte Denkmal von Michael Klein
zur Erinnerung an das Französische Hospital,
Claire-Waldoff-Straße

aber wenig Neigung, das Areal selber als Baugrund zu nutzen. Sie, die hochgebildete Dame, die sich mit Leibniz und anderen Gelehrten umgab, suchte Distanz, auch räumliche, zu ihrem Gemahl, der ganz dem barocken Lebensgefühl huldigte, rauschende Feste liebte, Pomp und Mätressen. Sie ließ sich, weitab von Berlin, das nach ihr benannte Charlottenburger Schloß errichten. Friedrich, inzwischen König geworden, verschenkte 1704 Teile des Meiereigrundstückes an seine Mätresse, die Gräfin Wartenberg. 1708 erbaute Eosander von Göthe in ihrem Auftrag das Lustschloß Monbijou. Trotz schwerer Zerstörungen im Zweiten Weltkrieg hätte es wieder aufgebaut werden können. DDR-(Un)Verantwortliche ließen es abreißen.

Nachdem ab 1708 im Norden der Spandauer Vorstadt, um den heutigen Koppenplatz herum, weitere Häuser errichtet worden waren, schuf König Friedrich Wilhelm I. mit dem

Abstecken der Gassen im Jahre 1716 schließlich die Grundlage für den planmäßigen Ausbau des Gebietes zwischen Linienstraße und Spree, zwischen Friedrichstraße und heutiger Karl-Liebknecht-Straße.

Auch das Terrain, das sich von der Friedrichstraße bis zum Unterbaum erstreckte, gehörte zum Spandauischen Viertel. Es blieb im 18. Jahrhundert jedoch nur locker bebaut. Zu den noch im 17. Jahrhundert entstandenen allerersten Baulichkeiten zählten die Ziegel-Scheune an der Panke und am Schiffbauerdamm, das Krankenhaus und Altersheim der französischen Gemeinde auf dem jetzigen Grundstück Friedrichstraße Nr. 129, eine Kattun-Druckerei nahe des Französischen Hospitals sowie eine Windmühle am Eingang zur heutigen Albrechtstraße.

Seit Anfang des 18. Jahrhunderts waren weitere gewerbliche Ansiedlungen zu verzeichnen. 1704 ließ der Hof-Maurer Braun im Hinterland des Schiffbauerdammes eine Schneidmühle errichten, in der das für die Schloßbedachung benötigte Blei bearbeitet wurde. Zwei Jahre später siedelte sich auf den Grundstücken Schiffbauerdamm Nr. 16–19a der Schiffbaumeister Günther an. Ihm folgten ab den dreißiger Jahren, wie Friedrich Nicolai beschreibt, weitere Schiffbauer, deren Gewerk der Straße an der Spree den Namen gab. Manufakturen zur Stoff-, Leder- und Tabakverarbeitung sowie Lagerplätze für Holz und Baumaterialien entstanden.

Im nördlichen Teil des Gebietes, zwischen der heutigen Invaliden- und der Schumannstraße, wurde 1710, als Reaktion auf die im Norden und Osten Europas wütende Pest, ein Seuchenlazarett erbaut. Berlin blieb jedoch von der Epidemie verschont, und das Gebäude diente zunächst als Arbeitshaus für Obdachlose und für die Unterbringung von Gebrechlichen. Unter Friedrich Wilhelm I., dem Soldatenkönig, wurde das Arbeitshaus 1726 zum Garnisonslazarett und zur Lehranstalt für Wundärzte umfunktioniert. Im Jahre 1827 erhielt die Einrichtung von König Friedrich Wilhelm III. den Namen »Charité«. Als Klinikum der Berliner Universität erlangte die

Die Charité

Ausbildungs- und Forschungsstätte im 19. und 20. Jahrhundert Weltruf. Zwischen 1746 und 1748 war die Anlage des Invalidenhauses auf den heutigen Grundstücken Scharnhorststraße Nr. 34–35 erfolgt. In ihm fanden die Kriegsinvaliden von König Friedrich II. Unterkunft. Mit den Maulbeerplantagen, von deren Erträgen sich das Invalidenhaus teilweise finanzierte, wurde außerdem versucht, der Bodenerosion ringsum Herr zu werden. Durch jahrhundertelanges Abholzen der Waldungen war hier, unmittelbar vor den Toren der Stadt, eine regelrechte Wüste entstanden, in der bei starkem Wind immer neue Hügel von Flugsand zusammengeweht wurden. Für die Gegend fand der Volksmund den Namen »Sahara«.

»Wichtig wurde die ebenfalls kaum beachtete Tatsache, daß das dem Invalidenhaus zugesprochene Gelände nach Süden hin bis an die Charité und die Stadtmauer heranreichte und sich nach Osten bis über die Chausseestraße hinaus erstreckte. Die Invaliden konnten dieses Gelände nicht bewirtschaften und gaben es in Erbpacht. Daraus entwickelten sich nach den Stein-Hardenbergschen Reformen neue Eigentumsformen, die eine der Voraussetzungen zur Ansiedlung der ersten Berliner Industriebetriebe in diesem Raum waren. So erwarb u.a. der ›Factor August Borsig‹ im Jahre 1836 die ehemalige Invalidenhaus-Parzelle Nr. 119 und 1838 die Invalidenhaus-Parzelle Nr. 3. Auf diesem Gelände entstand Berlins berühmte Lokomotivfabrik, die in greifbarer Nähe zum Schiffbauerdamm lag. Die spätere Maschinenbau-Aktiengesellschaft L. Schwartzkopff kaufte die Invalidenhaus-Parzelle Nr. 10 zur Errichtung einer Fabrikationsstätte.«[3]

Neben den von den Gewerbetreibenden genutzten Wohnhäusern, die sich zumeist gleich auf dem Betriebsgelände befanden, wurden im 18. Jahrhundert auch schon einzelne, ausschließlich dem Wohnen bzw. der Erholung dienende Bauten errichtet. Am Schiffbauerdamm entstand das Schloß für den Stadtgouverneur Alexander Hermann Graf Wartensleben. Zum geräumigen Gartenareal des Schlosses gehörte auf der heutigen Parzelle Albrechtstraße Nr. 10 ein von Eosander von Göthe erbauter Pavillon. Bis zur Zerstörung im Zweiten Weltkrieg dokumentierte das kleine Barockgebäude die Anfänge der Bebauung im Viertel.

Teile des Grundstückes erwarb 1761 der Gold- und Silbermanufakturbesitzer Veitel Heine Ephraim. Eine Kabinetts-Ordre von König Friedrich II. hatte den Kauf möglich gemacht, da es bis dahin Juden untersagt war, Grundbesitz zu erwerben. Eine Fußgängerbrücke verband das Anwesen mit dem jenseitigen, zur Dorotheenstadt gehörenden Spreeufer. Heute erinnert noch das Ephraim-Palais am Mühlendamm an den bedeutenden Fabrikanten und Hoffaktor.

Ein weiterer prominenter Bewohner des Viertels war im 18.

Neubebauung auf dem Grundstück Albrechtstraße Nr. 10, dem ehemaligen Standort des Wartenslebenschen Gartenpavillons

Jahrhundert der aus Paris stammende Maler Antoine Pesne. Er besaß ein Haus in der heutigen Friedrichstraße Nr. 136. König Friedrich I. hatte ihn 1711 als Hofmaler nach Berlin berufen. Pesne begleitete als Chronist und Porträtist mehrere Generationen des preußischen Herrscherhauses und entwarf darüberhinaus zahlreiche Wandgemälde für Palais und Schlösser in der Mark Brandenburg.

Obwohl sich hier, an Panke und Spree, mit Manufakturen und Schiffbauanstalten sowie dem Französischen Hospital und der Charité allmählich ein von Gewerbe und Medizin bevorzugter Standort entwickelt hatte, blieb die Bebauung das ganze 18. Jahrhundert hindurch, mit Ausnahme des schon dicht besetzten Schiffbauerdammes, noch überaus weiträumig und wurde allenthalben von Gärten und landwirtschaftlich genutzten Flächen, wie der Meierei des Etats-Ministers Heinrich IX. Reuß, Graf und Herr zu Plauen, aufgelockert.

In der Schumannstraße

Gründung der Friedrich-Wilhelm-Stadt

Das frühe 19. Jahrhundert bescherte dem Gebiet und seinem Umfeld weitere für die Stadtentwicklung folgenreiche Ansiedlungen. An der Nordseite der Invalidenstraße (heute Standort des Naturkundemuseums) ließ sich 1804 die Königliche Eisengießerei nieder. 1823 folgten vor dem Oranienburger Tor, an der Ostseite der Chausseestraße, eine Maschinenbauanstalt und die Neue Berliner Eisengießerei, die beide von Franz Anton Egells betrieben wurden. Auf den heutigen Grundstücken Friedrichstraße Nr. 119–121 entstand um 1800 zusätzlich eine militärische Einrichtung, die Kaserne der reitenden Artillerie.

Mit der 1822 fertiggestellten und nach Marschall Blücher benannten Marschallbrücke war, neben der Weidendammer Brücke, endlich eine zweite wichtige Verkehrsverbindung über die Spree zur Dorotheenstadt geschaffen worden. Durch die Auflösung und den Verkauf des weitläufigen Ephraimschen Grundbesitzes wurde darüberhinaus der Weg frei für die nun einsetzende kleinparzellige Aufteilung des Terrains.

»1825 entstand im Königlichen Oberhofbauamt ein Plandokument, ›*Projekt zur Anlegung neuer Straßen zwischen der Friedrichstraße und dem Unterbaum*‹, offensichtlich als Folge der Auflösung des Familien-Fideikommiß [unveräußerliches und unteilbares Familienvermögen, Anmerkung des Verfassers] Ephraim. Dieses Plandokument, das als Kriegsverlust angesehen werden muß, erbrachte eine wichtige Neuerung: Das bisher ungestaltete Gelände wurde von mehreren Straßen

Friedrichstraße mit Blick zum Standort des ehemaligen Oranienburger Tores

Friedrichstraße Nr. 124 mit dem alteingesessenen Lokal »Bären Schenke«

Marienstraße

durchzogen, die eine städtische Besiedlung ermöglichten. Der König wollte offensichtlich dieses Stadtgebiet erschließen lassen, konnte aber nicht mehr mit der bisherigen Selbstverständlichkeit, derer sich seine Vorgänger auf dem Thron noch ›befleißigten‹, seine Anordnungen treffen. Es gab aber genügend potente Geldbesitzer (verwiesen sei u.a. auf die gleiche Konstellation bei der Umgestaltung des Pariser Platzes), die mit ›königlicher Genehmigung‹ Grundstücke kauften und auf ihre Kosten Stadtplanung im Sinne des Königs verwirklichten. Sie wurden beim Kauf bevorzugt, handelten im Einverständnis mit dem Herrscher und realisierten seine Absichten. Das Motiv des Königs war die Gestaltung der Stadt, das Motiv der Käufer ihr Gewinn. Beide Teile trafen sich und lösten das Problem dieses Viertels gültig bis in die Gegenwart.«[4]

Der Einspruch einiger Grundstückseigentümer gegen die 1826 beschlossenen Pläne, insbesondere wegen zu niedrig empfundener Erstattungskosten bei der Landabgabe, trug

Platz vor dem Neuen Tor mit den neu erbauten Torhäusern

noch einmal zur Verzögerung des Projektes bei, ohne es letztlich aufhalten zu können. 1827 wurden die Straßen angelegt und zügig bebaut. Bei der Namensverleihung (Albrecht-, Karl-, Luisen- und Marienstraße) standen die beiden Söhne, die Tochter und die Schwiegertochter von König Friedrich Wilhelm III. Pate.

Im nördlichen Bereich des Viertels blieben einige Straßen zunächst namenlos. Sie wurden, so die Philipp- und die Schumannstraße, nach Grundstückseignern benannt. Solch eine Befriedigung des Bürgerstolzes war im preußischen Berlin zwar keineswegs üblich, aber auch nicht gar so selten, wie Liesen- oder Mulackstraße belegen, deren Namensgeber ebenfalls nicht dem Geschichts-, sondern dem Grundbuch entstammen. Die Zufahrt zur Charité hatte schon im 18. Jahrhundert passenderweise den Namen Charitéstraße erhalten. Ein Teil dieser Straße, der Weg zur Spree hin, wurde nach 1827 in Unterbaumstraße umbenannt.

Eine Bitte der Anwohner erfüllend, entschied König Friedrich Wilhelm III. in einer Kabinettsordre vom 8. August 1828 den Bau eines Stadttores. Es entstand am Luisenplatz (heute Platz vor dem Neuen Tor) und schuf nicht nur den bequemen Zugang zu dem sich vor der Zoll- und Akzisemauer entwikkelnden Industriegebiet, sondern verwies von nun an – auch äußerlich sichtbar – auf die Eigenständigkeit des Viertels. Die Friedrich-Wilhelm-Stadt war aus der Taufe gehoben worden und hatte sich endgültig aus dem Schatten der Spandauer Vorstadt gelöst. Die gartenarchitektonische Gestaltung des Platzes übernahm Peter Joseph Lenné.

In den Jahren 1836 und 1860 erfolgten zusätzlich Erschließungsmaßnahmen am Nordrand des Viertels. So wurde zunächst der Garten der Charité an der Luisenstraße und zuletzt auch der Charité-Kirchhof an der südlichen Seite der Invalidenstraße, gegenüber dem heutigen Naturkundemuseum, parzelliert und zur Bebauung freigegeben. 1851/52 erhielt das Gebiet mit der St. Philippus-Apostel-Kirche ein eigenes Gotteshaus. Nach dem Verlust der Kirche im Zweiten Weltkrieg befinden sich heute die Räume der Gemeinde im Gartenhaus der Charitéstraße Nr. 2.

Marienstraße Nr. 22,
Wohnhaus des Malers Adolph Menzel von 1864–70

Die Marienstraße Nr. 22

Wie sich die Entwicklung vom vorstädtischen Gebiet zu einem Stadtviertel der Metropole im Einzelnen vollzog, wird am Beispiel der Marienstraße Nr. 22 (bis 1852 Nr. 15) anschaulich. Der Hausbesitz findet erstmals am 24. September 1827 in den Akten der Feuersozietät Erwähnung. Eigentümer ist der Königliche Oberbergrat Friedrich Krigar. Er gehörte zu den namhaften Persönlichkeiten Berlins. Sein Wirken ist untrennbar mit der Entwicklung der Königlichen Eisengießerei verbunden. Der 1805 aus Schlesien berufene Hüttenfachmann führte die erst ein Jahr zuvor gegründete Fabrikationsstätte rasch zum Erfolg, so »daß man bereits im Jahre 1806 an eine Erweiterung der Werke dachte.«[5]

Preußens Krieg gegen Frankreich verhinderte erst einmal die Pläne. Krigar gelang es mit großem Geschick, das Unternehmen durch die wirtschaftlich bedrückenden Jahre der napoleonischen Besetzung zu steuern. Noch während der Befreiungskriege wurde mit dem Bau von schweren Geschützen (Mörsern) der Betrieb wieder angekurbelt und unter Krigars Leitung der Grundstein für den nachhaltigen Aufschwung der Werke gelegt. Neben Denkmalen (Nationaldenkmal für die Freiheitskriege auf dem Kreuzberg, Denkmal für die Königin Luise in Gransee) produzierte die Eisengießerei in der Folgezeit Brücken und Geländer, Säulen und Treppen, Häckselmaschinen und Schrotmühlen, Wasserräder und Walzeinrichtungen.

1826 entschloß sich Krigar, der bis dahin am Schiffbauerdamm Nr. 6 gewohnt hatte, in der im Entstehen begriffenen Friedrich-Wilhelm-Stadt ein eigenes Grundstück zu erwerben. Die Nähe zum Werksgelände dürfte für den pflichtbewußten Beamten ebenso eine Rolle gespielt haben wie die Gewißheit, das eigene Kapital auf diese Weise bestens angelegt zu haben. Ein Leerstand von Mietwohnungen war in dem jungen, aufstrebenden Viertel nicht zu erwarten.

Am 3. Januar 1838 erfolgte eine umfassende Taxa des Hausbesitzes. Der Wert betrug 16.800 Reichstaler. Zu den Versicherungsgegenständen zählten:

> das Wohnhaus an der Straße mit zwei massiven Geschossen,
> das dreigeschossige Seitengebäude auf dem Hofe links,
> das eingeschossige Seitengebäude rechts,
> die Gartenlaube,
> das Eisengeländer,
> der Zaun,
> der Brunnen.

Aus der Auflistung ergibt sich eine Grundstücksausstattung, wie sie um diese Zeit allenthalben im Viertel zu finden war. Mit den zwei massiven Geschossen und einer vermutlich in Fachwerk oder Holz ausgeführten weiteren Etage besaß das Vorderhaus ein noch deutlich vorstädtisches Gepräge. Der dreigeschossige Seitenflügel im Hof dürfte ebenfalls schon für Wohnzwecke, das kleinere Seitengebäude hingegen als Remise und Abtritt genutzt worden sein. Die Laube verweist auf den Garten, der im frühen 19. Jahrhundert zu jedem Grundstück gehörte und zumeist noch dem Anbau von Obst und Gemüse diente. Der obligate Brunnen auf dem Hof rundet das Bild ab.

Neben dem Eigentümer und seiner Familie sind im Adreßbuch von 1837 bereits sechs Mieter verzeichnet, darunter ein ehemaliger Viktualienhändler, ein Schuhmacher, zwei Witwen, ein Offizier und ein Polizist. Die Mieterschaft wechselte im Laufe der Jahre, blieb aber von der Anzahl her im wesent-

Marienstraße Nr. 14
mit den ehemaligen Hoftoiletten

lichen konstant. 1852 starb Friedrich Krigar. Der Hausbesitz ging zunächst in die Hände seiner Frau und 1864 in die der Krigarschen Söhne über. Ins Adreßbuch wurde als Eigentümer der Königliche Musikdirektor Julius Hermann Krigar eingetragen, der zugleich die elterliche Wohnung übernommen hatte. Mit ihm und seiner Frau Emilie zog auch deren Bruder ein, der Maler Adolph Menzel (1815–1905). Das Mieterverzeichnis von 1865 gibt an:

Börnig, Steinmetzmeister;
Dietrich, Schuhmacher;
Einbeck, Witwe;
Jacoby, Maler;
Krigar, Königlicher Musikdirektor, Eigentümer;
Mayer, Dr. med.;
Menzel, Professor;
Pleß, Goldarbeiter;
Steinlein, Königlicher Oberamtmann.

Anders als gelegentlich dargestellt, wohnte der Berliner Maler und Zeichner nicht von 1860 bis 1864, sondern von 1864/65 bis 1870 im Haus. Nachdem durch den Krigarschen Nachwuchs die Wohnung zu klein geworden und die gesamte Familie 1868 in die Luisenstraße übersiedelt war, verblieb offenbar noch das Atelier bis 1870 am alten Standort. In dieser Zeit ist Menzel sowohl in der Luisenstaße Nr. 27, dem neuen Domizil der Krigars, als auch in der Marienstraße Nr. 22 als Mieter gemeldet. Es sollten wichtige Schaffensjahre für den inzwischen Mitfünfziger werden. Mit Studien und Vorarbeiten (u.a. »Zwei Arbeiter am Dampfhammer«, »Gedenkblatt für die Firma Heckmann«) tastete er sich an ein damals kaum beachtetes Thema heran – die industrielle Arbeitswelt. Reifes Zeugnis davon legt das 1875 entstandene Gemälde »Eisenwalzwerk« ab. Eine Gedenktafel am Haus in der Marienstraße suchen Interessierte allerdings vergeblich.

1869 wurde das Anwesen von den Fabrikanten A. und E. Kaufmann erworben. Sie ließen auf dem Gartengelände ein Fabrikgebäude errichten. In der Taxa vom 20. November 1869 wurde es zusammen mit einem massivem Vorbau, einer Freitreppe aus Granit, einem Risalit an der Rückfront, diversen Lastenaufzügen und einem hölzernen Fahrstuhl versichert. Als Versicherungsgegenstände kamen außerdem Wasser- und Gasleitungen sowie eine Dampfheizung hinzu. Sie steigerten den Wert des Hausbesitzes auf insgesamt 44.775 Reichstaler.

Die rege Bautätigkeit war damit keineswegs abgeschlossen.

Fabrikgebäude im Hof Charitéstraße Nr. 3

1870 wurden das Vorderhaus und der linke Seitenflügel aufgestockt sowie der rechte eingeschossige Seitenflügel abgerissen und durch einen vierstöckigen Neubau ersetzt. Er findet sich in den Unterlagen vom 9. September 1870 noch als »unvollendet« ausgewiesen. Knapp ein halbes Jahr später, am 22. Februar 1871, durfte sich die Versicherungsgesellschaft über neuerliche Vertragsabschlüsse freuen. Hofunterkellerungen, ein Pissoir im rechten Seitenflügel, ein Hofbrunnen mit eisernem Schwengel und Tülle mußten aufgenommen werden.

Von diesem Zeitpunkt an werden nur noch zwei, maximal drei Bewohner in den Unterlagen geführt. Die ehemalige Wohnanlage war unter den Kaufmanns in einen vorrangig gewerblich genutzten Komplex verwandelt worden. Eine ähnliche Entwicklung hatte es in der Marienstraße Nr. 19–20 gegeben, wo sich 1873 die Gebrüder Wichmann mit ihrer Firma für Zeichenbedarf angesiedelt hatten. Umnutzungen dieser Art blieben im Viertel jedoch die Ausnahme. Auf den meisten Grundstücken wurde weiterhin, auch nach den Gründerjahren, das für Berlin typische Miteinander von Wohnen und Arbeiten praktiziert.

1892 erfolgte ein neuerlicher Eigentümerwechsel. Die Luxuspapierfabrik von Wolf Hagelberg bezog die Gebäude. Nicht selbstverständlich war, daß der von den vorherigen Hauseigentümern angestellte Portier Dietze mit übernommen wurde und damit in der Dienstwohnung verbleiben konnte. 1894 trat die Feuersozietät erneut in Aktion. Retourflügel, die die einzelnen Gebäudeteile im Hof miteinander verbanden, waren erbaut worden. Darüberhinaus hatte modernste Technik Einzug gehalten. Zu den insgesamt vierzehn Versicherungsgegenständen zählte nun auch ein elektrischer Telegraph. In der Taxa vom 9. Januar 1894 beträgt die Hauptversicherungssumme stolze 237.400 Mark.

Die Luxuspapierfabrik von Wolf Hagelberg, ab 1900 als Aktiengesellschaft organisiert, war bis 1933 in den Gebäuden tätig. Von 1934 bis 1935 weisen die Adreßbücher das Grundstück als »unbewohnt« aus. Ab 1937 werden insgesamt 9 Wohnungen vermietet, aber der Eigentümer bleibt »ungenannt«. Was war geschehen? Aus dem erfolgreichen Unternehmer Hagelberg, der die Firma durch die schweren Jahre des Ersten Weltkrieges, der Nachkriegs- und Inflationszeit geführt hatte, war mit der Machtergreifung Hitlers ein unerwünschter Jude geworden. Die Namen jüdischer Eigentümer wurden aus den Adreßbüchern entfernt. Ehe die große Welle der Zwangsenteignungen in den vierziger Jahren begann, wurde lange vorher der Eindruck erweckt, als sei das jüdische Eigentum »herrenlos«. Ungewöhnlich an diesem Fall ist, daß der gesamte Komplex drei Jahre leerstand. Ob gegen Hagelberg ein Scheinprozeß geführt wurde, um an dessen Eigentum heranzukommen, ob er zu den ersten Opfern nazistischen Terrors gehörte oder aber die braune Gefahr rechtzeitig erkannt und in Eile alles ungeordnet zurücklassen mußte, darüber können nur Vermutungen angestellt werden.

1939 ist der jüdische Hausbesitz bereits »arisiert«. Als Eigentümer sind im entsprechenden Adreßbuch ein Bankier aus Naumburg und ein Kaufmann aus Neuss am Rhein eingetragen. Die Fabrikgebäude auf dem Grundstück wurden zu Wohnzwecken umgebaut, die relativ komfortablen, zentralbeheizten Wohnungen vorzugsweise an Nazi-Funktionäre vergeben. In das Haus, in dem einer der bedeutendsten deutschen Maler gewirkt hatte, war der Ungeist eingezogen. Das Bildhafte verleitet dazu, den Vorgang für einzigartig zu halten.

Er hat sich hundertfach in Berlin wiederholt.

Albrechtstraße Nr. 20, im Hause verbrachte Victor Klemperer einen Teil seiner Kindheit

Von Baumeistern und Bauten

Anders als in der benachbarten, als Flächendenkmal ausgewiesenen Spandauer Vorstadt sind in der Friedrich-Wilhelm-Stadt – mit zwei Ausnahmen – keine baulichen Zeugnisse des 18. Jahrhunderts erhalten geblieben. Durch die exponierte Lage des Gebietes als Hinterland des Regierungsviertels gerieten die frühen Baulichkeiten, insbesondere nach der Reichseinigung von 1871, nach und nach unter die Spitzhacke. Sie genügten nicht mehr den Anforderungen der Zeit und ihrem wachsenden Bedürfnis nach Repräsentation. Baukunst und Bauhandwerk des 18. Jahrhunderts werden einzig noch vom Gebäude der Alten Zootomie, dem »Anatomischen Theater«, sowie einem Teilstück der Zoll- und Akzisemauer auf dem Grundstück Hannoversche Straße Nr. 9 dokumentiert.

Aus den furchtbaren Erfahrungen des Dreißigjährigen Krieges war unter Kurfürst Friedrich Wilhelm ab 1658 ein mächtiges, die Doppelstadt Berlin-Cölln umschließendes Befestigungswerk errichtet worden. Den Bau, zu dem alle Bürger herangezogen wurden, hatte der in Holland ausgebildete Johann Gregor Memhardt geleitet. Die Fortifikation erwies sich allerdings schon wenige Jahrzehnte später, bedingt durch den enormen Bevölkerungszuwachs und die damit notwendig gewordenen Stadterweiterungen, als Hindernis für die weitere Entwicklung des Weichbildes.

War mit dem Friedrichswerder die erste der vorstädtischen Neugründungen noch in die Memhardtsche Befestigung einbezogen worden, so zeigten sich bei der Gründung der Dorotheen- und der Friedrichstadt, der Spandauer-, Stralauer- und Königvorstadt die Grenzen dieses Unterfangens. Die Kosten für die Erweiterung der Umwallung wären ins Unermeßliche gestiegen. Zugleich ließen Fortschritte sowohl im Festungsbau als auch in der Militärtechnik (Artillerie) die Anlage als überholt erscheinen.

Die entstandenen Neu- und Vorstädte erhielten deshalb lediglich eine Palisadenumwehrung, die nicht mehr dem militärischen Schutz der Stadt diente, sondern allenfalls dazu, die Desertion von Soldaten aus derselben zu verhindern. An den Toren wurden Verbrauchssteuer (Akzise) und Zoll erhoben. Ab 1789 ließ König Friedrich Wilhelm II. die Palisaden durch eine die Stadt und sämtliche Vorstädte umspannende massive Mauer ersetzen. Mit den Torbauten wurden namhafte Architekten wie Carl von Gontard und Georg Christian Unger betraut. Ab den sechziger Jahren des 19. Jahrhunderts begann der Abriß auch dieser Anlagen. Erhalten geblieben sind von der Zoll- und Akzisemauer ein Fragment an der Hannoverschen Straße und, als Wahrzeichen der Stadt, das Brandenburger Tor.

Dessen Architekt, Carl Gotthard Langhans, zeichnete auch für die Pläne zur Errichtung der Zootomie (1789/90) verantwortlich. Sie bildete das Stammhaus der 1789 gegründeten »Königlichen Tierarzney Schule«, die den Beginn der Veterinärmedizin in Preußen markiert. Der im Stil des frühen Klassizismus von Carl Samuel Held ausgeführte zweigeschossige Bau mit Putzfassaden und flacher Kuppel entstand in dem von der Panke durchflossenen Grundstück, das sich hinter dem Lehrgebäude der ehemaligen Tierarzneischule, Luisenstraße Nr. 56, befindet und das der Hofrat Gottlieb Bertram von den Erben der gräflichen Familie Reuß erworben hatte. Den Zugang zum Komplex gewährt das Grundstück Reinhardtstraße/Ecke Friedrichstraße.

Im runden Kuppelraum des über einem quadratischen Grundriß erbauten Hauses ist der Hörsaal untergebracht. Wegen seiner amphitheatralischen Anlage mit den steil bis

Teilstück der ehemaligen Zoll- und Akzisemauer, Hannoversche Straße Nr. 9

zum Obergeschoß aufstrebenden Sitzreihen erhielt er bald schon den Namen »Anatomisches Theater«. Sowohl das Äußere des Gebäudes mit seinem übergiebelten Eingang, den dreiachsigen Risaliten oder dem Säulenfries unter den Dachgesims als auch die Innenausstattung sind weitgehend erhalten. Den Tambour schmücken u.a. ländliche Genreszenen mit

Das von Langhans erbaute Gebäude der Zootomie

Hirten und Haustieren, die auf die Funktion des Raumes verweisen und 1790 von Bernhard Rode gemalt wurden. Die runde Plattform für den versenkbaren Seziertisch in der Mitte des Saales wurde früher durch ein hölzernes Räderwerk bewegt. Der blockhafte Bau von jeweils fünf Achsen fügt sich bis heute organisch in die Parklandschaft ein und stellt eines der architektonischen Kleinodien in der Friedrich-Wilhelm-Stadt dar.

Carl Gotthard Langhans hatte bereits einen langen Berufsweg hinter sich, als er 1786 von Friedrich Wilhelm II. als Direktor der neugeschaffenen Zentralbehörde des Oberhofbauamtes nach Berlin geholt wurde. 1732 als Sohn eines Seidenhändlers in Landeshut (Schlesien) geboren, studierte er ab 1753 an der Universität in Halle Jura, Mathematik und Kunstgeschichte. Es folgten, wie bei so vielen Intellektuellen des 18. Jahrhunderts, Jahre als Hauslehrer. In dieser Zeit übernahm er erste Aufträge als Baumeister. Die Grundlagen dazu hatte er sich autodidaktisch erarbeitet. Bildungsreisen führten ihn in den sechziger und siebziger Jahren des 18. Jahrhunderts nach Süddeutschland und Italien, nach Holland, England und Frankreich.

Mit der Neuausstattung des Treppenhauses und des Muschelsaales im Schloß Rheinsberg wurde Langhans erstmals für das preußische Herrscherhaus tätig. 1775 erfolgte die Berufung als Oberbau- und Kriegsrat an die Breslauer Kammer. Aber erst mit der Umsiedlung nach Berlin sollte für den immerhin schon Fünfundfünfzigjährigen die produktivste Periode seines Schaffens beginnen. Die in Berlin erhalten gebliebenen Bauten, die Kolonnaden an der Mohrenstraße (1787) und Berlins erstes klassizistisches Bauwerk von Rang, das Brandenburger Tor (1788–91), zählen zwar zu den herausragenden Leistungen Langhans', spiegeln aber nicht annähernd den Umfang seiner Tätigkeit wider.

Neben Wohnhäusern, die er errichtete und zahlreichen Palais, die er ausstattete, entstanden nach seinen Plänen Brükken- und Straßenbauten, so die früher an der Burgstraße befindliche Herkulesbrücke (1787/88) und die Berlin-Steglitzer Chaussee (1788–90). Auch für die Neugestaltung des Opernhauses Unter den Linden (1787/88) sowie den Bau des Nationaltheaters am Gendarmenmarkt (1800–02) trug er die Verantwortung. Langhans' Schaffen, das den Übergang vom Barock zum Klassizismus bezeichnet, wurde prägend für die folgende Generation von Architekten. Aus den eigenen Erfahrungen heraus, dem langwierigen Bildungs- und Berufsweg, setzte er sich als Mitglied der Gründungskommission nachdrücklich für die Einrichtung einer Bauschule ein, die spätere Bauakademie. Langhans starb 1808 in Grüneiche bei Breslau.

Welcher Wertschätzung sich seine Tätigkeit als Baumeister noch Jahre später erfreute und wie skeptisch dagegen die »Neuen« beobachtet wurden, läßt sich an einem Brief von Bettina von Arnim ablesen. Das Langhanssche Theater am Gendarmenmarkt war 1817 nach einer Aufführung der Märchenoper »Undine« abgebrannt. Die Brandkatastrophe trug

Züge eines Volksspektakels. Aus dem zerstörten Dach wurden die wie Fackeln brennenden Theaterperücken herausgeschleudert und drohten, die umliegenden Häuser anzuzünden. Schützen wurden eiligst heranbeordert, die den irrlichternden Perücken in einem Kugelhagel den Garaus machen sollten. Trotz des traurigen Anlasses amüsierte sich die ganze Stadt. Verwandte, Freunde, die des Schauspiels nicht teilhaftig geworden waren, wurden umgehend postalisch benachrichtigt. Bettina schrieb an ihren Mann, der sich zur Kur in Karlsbad aufhielt:

»Es ist schade, daß Du den Brand vom Komödienhaus nicht gesehen hast, es sind für 800 Louisdor Perücken mitverbrannt, die bloß zu Brühls Zeiten sind angeschafft worden. Schinkel ist sehr begierig zu wissen, was der König dazu gesagt hat, ob er Lust hat ein ganz neues oder ein auf die Fundamente des alten gegründetes zu bauen, was ihm nicht behagen würde; ich glaube nicht, daß er den Bau ganz alleine übernehmen dürfte, denn schon jetzt spricht man davon, daß alles, was er je erfunden hat, viel zu phantastisch sei, und daß er keinen Kuhstall bauen könne, wo er seine Ideale nicht anbringen würde.«[6]

Schinkel erhielt den Auftrag. Allerdings mit der Vorgabe, den Grundriß des Langhansschen Gebäudes in den Neubau einzubeziehen. Mit dem Schauspielhaus am Gendarmenmarkt, in dem später der Theaterkritiker Theodor Fontane auf den Parkettplatz Nr. 23 abonniert war, übernahm Schinkel 1818 seine zweite große Bauaufgabe. Ein erstes Meisterwerk, die von 1816 bis 1818 errichtete Neue Wache, hatte er gerade abgeliefert.

Auch Karl Friedrich Schinkel wurde, wie sein Vorgänger Langhans, in der Friedrich-Wilhelm-Stadt tätig. Jedoch haben (fast) keine Einzelbauten die Zeitläufte überdauert. Im Fall der alten Marschallbrücke machte der stetig wachsende Verkehr im Jahre 1882 einen massiven Neubau dringend erforderlich. Der weitsichtige Schinkel hatte bereits 1818 in seinen Planungen eine eiserne Brückenkonstruktion vorgesehen, die

Blick von der Marschallbrücke zum Reichstag, dem neuen Bundestagsgebäude, links das ehemalige Reichspräsidentenpalais und das Jakob-Kaiser-Haus mit den Büros für die Bundestagsabgeordneten

zunächst auch zur Ausführung kam, aber 1820 wegen zu hoher Kosten vom König gestoppt wurde. In vereinfachter Form, als Holzkonstruktion, wurde sie schließlich 1822 fertiggestellt. Sechzig Jahre später war sie abbruchreif. Billig gebaut, ist doppelt gebaut. Auch uns kommt das bekannt vor.

Zwei weitere Schinkel-Bauten, die Torhäuser (1832–35) am Platz vor dem Neuen Tor und die Kaserne des 2. Garderegiments (1833–35) auf dem Gelände der heutigen Grünfläche zwischen Reinhardt- und Schumannstraße zählen zu den Verlusten im Zweiten Weltkrieg. Dennoch darf Preußens bedeutendster Baumeister des 19. Jahrhunderts im Zusammenhang mit der Friedrich-Wilhelm-Stadt nicht unerwähnt bleiben. Als genialer, weithin anerkannter Architekt hatte er nicht nur eine enorme künstlerische Vorbildwirkung für die Baumeister seiner wie der nachfolgenden Generation, sondern als oberster Bauplanungsbeamter auch die notwendigen verwaltungsrechtlichen Instrumente, um den eigenen Ansichten und Vorstellungen Geltung zu verschaffen. Es war diese übermächtige Stellung Schinkels, die später jüngere Baumeister wie Eduard Knoblauch (Neue Synagoge, Oranienburger Straße Nr. 30) zwang, den risikoreichen Weg des Privatarchitekten einzuschlagen.

Der Einfluß Schinkels und der von ihm dominierten Bauakademie ist denn auch vielen der zwischen 1830 und 1840 errichteten Gebäude anzumerken. Nicht zu deren Nachteil, wie hinzugefügt werden muß. Die Fassaden zeichnen sich durch eine klare Gliederung aus. Gern wird der in der Mittelachse gelegene Eingangsbereich durch Risalite hervorgehoben und das tragend Schwere des Erdgeschosses durch Putzquaderung betont. Gesims- und Fensterbänder, Mäander- und Rankenfriese betonen die Horizontale. In der Marienstraße, die zu DDR-Zeiten in Hinblick auf die 750-Jahr-Feier Berlins restauriert wurde, findet sich die Formgebung noch weitgehend erhalten, obwohl etliche der aus der Erstbebauungszeit stammenden Häuser durch spätere in der Gründerzeit erfolgte Aufstockungen leicht verändert wurden.

Daß die Berliner Ausprägung des Klassizismus bei den Zeitgenossen nicht unumstritten war, soll freilich nicht verschwiegen werden. Franz Grillparzer, der im September 1826 die preußische Metropole besuchte, vermochte sich insbesondere nicht damit anzufreunden, »wie die Säulen angebracht sind, die alle ohne stark vortretende Substruktion vom ersten Stockwerke an in die Höhe steigen, was auf mich einen widerlichen Eindruck macht, da die Säule, ihrer Natur nach eine Stütze, auf dem Boden ruhen soll. In ihrer hiesigen Anwendung erscheint sie mehr als ein müßiges Beiwerk.«[7] Ein Beispiel dafür bietet die ab dem ersten Obergeschoß durch Pilaster gegliederte Fassade des Hauses Marienstraße Nr. 10. Mit seiner Dreigeschossigkeit verweist es zudem auf die ursprüngliche Traufhöhe der Straße.

Reinhardtstraße Nr. 29, Teil der ehemaligen
Exerzierhalle mit den Neubauten
des Architekturbüros Bellmann & Böhm

Ein einziges Bauwerk, das allerdings nur fragmentarisch erhalten geblieben ist, verweist noch direkt auf die Schinkelsche Autorenschaft. Es ist ein Teil der ehemaligen Exerzierhalle des 2. Garderegiments zu Fuß an der Reinhardtstraße Nr. 29. Der 1827/28 errichtete und ursprünglich langgestreckte Putzbau verfügte über drei Hauptzugänge, die durch einen Mittelrisalit zusammengefaßt wurden. Seit den zwanziger Jahren als Turnhalle von Polizei und Universität genutzt und im Zweiten Weltkrieg schwer beschädigt, dienten die Gebäudereste seit den fünfziger Jahren als Probebühne des Deutschen Theaters und des Berliner Ensembles. 1995 wurde das Gebäude entkernt und von dem Architektengespann Bellmann & Böhm in die Neubebauung der Straße integriert. Es bildet heute das Tor zur »Residenz am Deutschen Theater«.

Von Schinkel stammte die Entwurfsskizze, die Militärbaumeister Karl Hampel in die eigenen Planungen zur Exerzierhalle einarbeitete. Fünf Jahre später, beim Bau der eigentlichen Kaserne (1833–35), war an Schinkel kein Vorbeikommen mehr, und Hampel blieb nur der weniger dankbare Platz als ausführender Mitarbeiter.

J. Georg Karl Hampel war seit 1819 als Garnisonbauinspektor in Köln und seit 1822 in Berlin im Kriegsministerium tätig gewesen. 1827 wurde er zum Direktor der neugegründeten Heeresbauverwaltung berufen. In viele der Planungen Hampels, wohl kaum zu dessen ungetrübter Freude, griff Schinkel später überarbeitend ein. Nach dem Tod des allzu einflußreichen Konkurrenten zeichnete Hampel noch einmal 1843/44 für die Erweiterung des Invalidenhauses in der Scharnhorststraße Nr. 34/35 verantwortlich sowie 1851–54 für die Errichtung des Garnison-Lazaretts, den Kernbau des heutigen Bundeswehrkrankenhauses, in der Scharnhorststraße Nr. 13.

Karl Friedrich Schinkel, 1781 in Neuruppin geboren, trat nach dem Abbruch der gymnasialen Ausbildung 1799 in die Berliner Bau-Unterrichts-Anstalt ein, in der Becherer, Gentz, David und Friedrich Gilly sowie Langhans als Lehrer tätig waren. Insbesondere Friedrich Gilly (1772–1800) nahm sich des Hochbegabten an. Nach dem frühen Tod des Förderers und Freundes, der zusammen mit seinem Vater, David Gilly (1748–1808), zu den Wegbereitern des Klassizismus in Deutschland zählt, verließ Schinkel die Bauschule und führte Arbeiten seines Lehrers in Haselberg, Quilitz und Bärwinkel weiter. In dieser Zeit entstanden erste Entwürfe für Möbel und Porzellan, Entwurfsskizzen für den Umbau von Herrenhäusern und für Theaterdekorationen, die bereits die Vielfalt der künstlerischen Neigungen Schinkels andeuteten. Von 1803 bis 1805 bereiste er Italien und machte auf der Rückreise Station in Paris.

Die Jahre zwischen 1806 und 1815 wurden notgedrungen Jahre des Anlaufnehmens, des Ausprobierens und des Wartens. Das Bauwesen war fast vollständig zum Erliegen gekommen. Zunächst wegen der Besetzung Preußens durch die napoleonischen Truppen, dann wegen der Befreiungskriege. Die wenigen Aufträge, die es auszuführen galt, gingen an die gestandenen Architekten, nicht an die jungen. Schinkel schlug sich als Maler durch und verfertigte Panoramen und Dioramen zu geographisch-historischen Themen, Vorläufer des Kintopps. 1810 wurde er auf Vermittlung von Wilhelm von Humboldt zum Geheimen Ober-Bau-Assessor ernannt und erhielt endlich eine Anstellung bei der technischen Ober-Bau-Deputation.

1811 erfolgte die Berufung zum Ordentlichen Mitglied der Königlichen Akademie der Künste und 1815 die Ernennung zum Geheimen Ober-Baurat. Ehrungen, Titel, die zwar die Eitelkeit befriedigt haben mochten und das Familienbudget – Schinkel war seit 1809 verheiratet – aufbessern halfen, aber ihn seinen Zielen kaum einen Schritt näher gebracht hatten. Es gab Entwürfe über Entwürfe, aber noch kein einziges Bauwerk, auf das er alleinverantwortlich verweisen konnte. 1815 entstanden seine berühmten Dekorationen zu Mozarts »Zauberflöte«. Bis 1830 folgten weitere Ausstattungen für insgesamt vierzig Opern und Schauspiele. Darunter die zu E.T.A. Hoffmanns Märchenoper »Undine« nach dem Text von Friedrich de la Motte Fouqué. Wir erinnern uns des Theaterbrandes.

Das Jahr 1816 brachte endlich den Durchbruch! Der Fünfunddreißigjährige erhielt seinen ersten bedeutenden Bauauftrag: Die Neue Wache Unter den Linden. Von nun an ging es Schlag auf Schlag. Das Königliche Schauspielhaus am Gendarmenmarkt (1818–21), die Schloßbrücke (1819–24), das Alte Museum (1822–30), die Friedrichswerdersche Kirche (1824–1831), die Bauakademie (1831–36) entstanden, um nur die wichtigsten Werke zu nennen. Dazu kamen Neu- und Umbauten von Kirchen, Schlössern, Stadtpalais. Er entwarf Innenausstattungen von Häusern und Gebrauchsgegenstände, Denkmale und Grabdenkmale und legte immer wieder auch Stadtbaupläne vor.

»Schinkel war sich stets der Verpflichtung des Architekten bewußt, beim Planen des Einzelnen das Ganze zu berücksichtigen. Klassizistischer Stilwille vereinzelt und isoliert, gewiß, aber vielleicht ist es ein gut Teil romantischen Kunstgeistes, der das Einzelne mit Vorliebe in seine Zusammenhänge einbindet, und vielleicht war es auch ein Nachwirken städtebaulicher Überlieferung des Barock, wenn Schinkel bei seinen Planungen mehr als nur Teilstücke sah. Eine Gesamtplanung für den Organismus einer Stadt freilich, wie sie bei uns heute geläufig ist, konnte die Zeit noch nicht kennen. Denn die wirtschaftlichen und sozialen Bedingungen und die Verkehrsverhältnisse waren ganz andere als heute und sind im Laufe des letzten Jahrhunderts erst allmählich in das Blickfeld des Städtebauers getreten.

Umso mehr merken wir auf, wenn uns Pläne Schinkels begegnen, die eine Neugestaltung größerer Bezirke Berlins bezweckten. Es gibt dergleichen bereits aus seiner frühen Zeit, und mehr noch aus den dreißiger Jahren, aus dem letzten Jahrzehnt Schinkels, als das immer schnellere Wachstum der Stadt entsprechende Maßnahmen der Behörden erforderlich machte. Die mittelalterliche Doppelstadt Berlin-Kölln war ursprünglich um den Brückenübergang rechts und links der Spree entstanden und jahrhundertelang in sich gefangen gewesen; erst der Barock legte das großzügige, rechtwinklige Achsengefüge der Friedrichstadt daneben und drehte damit das Antlitz Berlins von Osten nach Westen. Die Verbindungsnähte waren und sind vielfach heute noch durch die (bald wieder aufgegebenen) Befestigungsanlagen und Bollwerke des Großen Kurfürsten als Hemmnisse spürbar. Hier hat dann Schinkel z.B. mittels eines wohldurchdachten Stadtplanes von 1817 Verbesserungen vorgeschlagen, Straßendurchbrüche,

Schinkel-Grabmal auf dem
Dorotheenstädtischen Friedhof,
im Hintergrund das Erbbegräbnis Hitzig

Vereinfachungen und Zusammenlegungen, die zum Segen der Innenstadt teilweise verwirklicht werden konnten.«[8]

1838 wurde Schinkel zum Ober-Landes-Bau-Direktor ernannt, nachdem er schon in den Jahren seit 1819 mit zahlreichen Ämtern, Mitgliedschaften und Ehrenmitgliedschaften von in- und ausländischen Akademien und Kommissionen überhäuft worden war. Das Arbeitspensum war kaum noch zu bewältigen. Zur eigentlichen Tätigkeit als Architekt gesellte sich die verwaltungstechnische als oberster Baubeamter in Preußen. Schinkel suchte mehrmals vergeblich beim König

Lehrgebäude der Tierarzneischule, Luisenstraße Nr. 56

nach, ihn von einigen der Aufgaben zu entbinden. Die chronische Arbeitsüberlastung führte 1840 zu einem Schlaganfall und dem Beginn einer dreizehn Monate währenden Bewußtlosigkeit. 1841 starb Karl Friedrich Schinkel in seiner Dienstwohnung im Gebäude der Bauakademie.

Aus dem Kreis der Schinkelschüler und -mitarbeiter stammte Ludwig Ferdinand Hesse, nach dessen Plänen 1839/

40 das Lehrgebäude der Tierarzneischule an der Luisenstraße Nr. 56 errichtet wurde.

Die symmetrische Anlage von drei Flügeln mit jeweils drei Geschossen gruppiert sich um einen zur Straße hin geöffneten Ehrenhof. Umlaufende Gesimsbänder zur Geschoßunterteilung und Fensterverdachungen sorgen für die betont horizontale Gliederung der Fassaden. Der dreiachsige, erhöhte Bau des Mittelflügels ist risalitartig vorgelagert und mit großen Rundbogenfenstern ausgestattet. In den Zwickeln der rechteckig umrahmten Fenster befinden sich zwölf Reliefbüsten von Veterinärmedizinern. Im ersten Obergschoß sind die Veranstaltungssäle untergebracht. Über den ebenfalls rundbogigen Fensterarkaden im obersten, als Halbgeschoß ausgeführten Stockwerk wird der Gebäudeteil durch einen flachen Dreiecksgiebel abgeschlossen, der zugleich den Rahmen für das von Ludwig Wilhelm Wichmann geschaffene Tympanonrelief mit Pferd und Stier bildet. An der Gartenseite des Gebäudekomplexes sind die später entstandenen Denkmale für die Veterinärmediziner Andreas Christian Gerlach, Otto Panzner, Dieckerhoff und Ernst Herter zu entdecken. Zu DDR-Zeiten wurde der Gebäudekomplex vom Staatssekretariat für Kirchenfragen genutzt.

Ludwig Ferdinand Hesse, der 1795 im pommerschen Belgard geboren wurde, kam 1819 nach Berlin, wo er seinen Militärdienst ableistete. Daneben nahm er Unterricht sowohl an der Bauakademie als auch an der Universität. Er legte, wie es üblich war, zunächst die Feldmesser- und 1825 schließlich die Baumeisterprüfung ab. Beim Bau der Friedrichswerderschen Kirche zog ihn Schinkel als Mitarbeiter heran. In den Jahren 1830 und 1831 arbeitete Hesse als Wege-Baumeister in Potsdam. 1832 wechselte er zur Schloßbaukommission in Berlin. 1844 wurde er ins Hofbauamt zurück nach Potsdam geholt. Das Lehrgebäude der Tierarzneischule blieb nicht sein einziges, aber sein wichtigstes Bauprojekt in Berlin. Seit 1843 war er Mitglied der Berliner und seit 1866 der Pariser Akademie der Künste. Nach dem Tod von Carl Wilhelm Hoffmann, dem Begründer der »Berliner gemeinnützigen Baugesellschaft«, in deren Auftrag die ersten genossenschaftlichen Wohnbauten in Berlin errichtet wurden, übernahm Hesse von 1871 bis 1873 den Vorsitz dieser Gesellschaft. Er starb 1876 in Berlin.

Ein weiterer der Schinkel-Schule verpflichteter Architekt wurde 1849/50 im Viertel tätig. Eduard Titz (1819–1890) war in Böhmen ausgebildet worden und verfügte damit, als er 1839 nach Berlin übersiedelte, nicht über die Zulassung für den preußischen Staatsdienst. Bevor er sich selbständig machte, arbeitete er deshalb im Büro von Eduard Knoblauch. Ab den fünfziger Jahren des 19. Jahrhunderts konzentrierte er sich auf den Bau von Theatern wie die Kroll-Oper im Tiergarten, das Victoria-Theater in der Münzstraße oder das Wallner-Theater in der Wallner-Theater-Straße. Seit den sechziger Jahren erhielt Titz zunehmend auch Aufträge für Wohn- und Geschäftsbauten, so für das Kaufhaus Herzog (Breite Straße) oder das Restaurant Borchardt in der Französischen Straße.

Bekannt geworden war Eduard Titz aber zunächst mit dem Bau des Friedrich-Wilhelmstädtischen Theaters in der Schumannstraße Nr. 13, dem späteren Deutschen Theater. Das ursprünglich in Formen der Neurenaissance errichtete Gebäude wurde durch mehrfache Umbauten seit dem Ende des 19. Jahrhunderts stark verändert. Die heutige neoklassizistische Fassade datiert von 1905/06 und wurde im Auftrag Max Reinhardts von William Müller geschaffen. Noch weitgehend erhalten ist hingegen die einstige Gestaltung des Zuschauerraumes mit zwei halbkreisförmig angelegten und von zwei gußeisernen Säulen gestützten Rängen. Nach den im Zweiten Weltkrieg erlittenen Schäden wurde das Theater erst einmal nur provisorisch wieder hergerichtet. Von 1979 bis 1983 erfolgte unter der Federführung des Architekten Gottfried Hein eine umfassende Rekonstruktion des Hauses, bei der gleichzeitig die Bühnentechnik modernisiert wurde.

Ab der zweiten Hälfte des 19. Jahrhunderts vervielfältigten und differenzierten sich die Bauaufgaben in der Friedrich-

Deutsches Theater und Kammerspiele in der Schumannstraße

Wilhelm-Stadt, die sich allmählich vom vorstädtischen Wohn- und Handwerkerviertel zum »Quartier latin der Arbeit« zu wandeln begann. Repräsentative Wohn- und Geschäftshäuser, Büro- und Verwaltungsgebäude, Bauten für Handel und Verkehr, neue medizinische und Forschungseinrichtungen sowie der Bildung und Unterhaltung dienende Stätten entstanden.

Auf dem heute abgeräumten Areal, Am Zirkus Nr. 1, wurde am 29. September 1867 Berlins erste Markthalle eröffnet. Nach dem Pariser Vorbild im Auftrag der »Berliner-Immobilien-Actien-Gesellschaft« erbaut, stammten die Pläne vom Geheimen Oberbaurat Friedrich Hitzig. Der dreigeschossige, von gußeisernen Säulen gestützte Putzbau mit großen rundbogigen Fenstern in der ersten Etage nahm bereits Hallenkonstruktionen (ehemalige Markthalle IV, Ackerstraße Nr. 23/ Invalidenstraße Nr. 158) folgender Jahrzehnte vorweg. Für die

Marktstände gab es Unterbringungsmöglichkeiten in zwei Geschossen. Die Händler waren mit ihren Waren nicht nur erstmals vor der Witterung geschützt, sondern fanden hier vor allem auch hygienischere Bedingungen als auf Plätzen und Straßen vor.

Dennoch scheiterte das Markthallenkonzept. Und zwar schon ein halbes Jahr nach der Eröffnung. Die Waren mußten noch von relativ weit entfernten Bahnhöfen umständlich mit Fuhrwerken herangeschafft werden. Das kostete Zeit und Geld und schmälerte mit den höheren Standmieten zusätzlich den Gewinn der Händler. Den Kunden schließlich war der Weg zum nördlichen Stadtrand einfach zu unbequem. Sie blieben aus. Im deutsch-französischen Krieg von 1870/71 wurde das Gebäude als Feldpostlager genutzt. 1875 versuchte der »Eisenbahn-König« Henry Bethel Strousberg die verwaiste Markthalle wiederzubeleben. Auch diesen Bemühungen war, aus ähnlichen Gründen, kein Erfolg beschieden.

Die »Berliner Immobilien-Actien-Gesellschaft«, noch immer Eigentümerin des Gebäudes, entschloß sich zu einem durchgreifenden Umbau, der eine neue Nutzung des Komplexes ermöglichen sollte. Der von Albert Salomonsky geleitete »Markthallen-Zirkus« zog ein, der in Berlin nicht nur eine große Attraktion, sondern auch zum Namensgeber der dort befindlichen Straße wurde. Nach neuerlichen Umbauten im Jahre 1918 (Planungen von Hans Poelzig), diesmal unter Max Reinhardt, und einer in der Folgezeit wechselvollen Geschichte als Theater, Zirkus, Varieté erhielt das im Krieg teilzerstörte und wiederhergerichtete Haus 1947 den Namen »Friedrichstadt-Palast«. Statische Probleme, bedingt durch den schwierigen Untergrund an der Panke, führten 1984 zum Abriß der einstigen Markthalle. Von Friedrich Hitzig sind die 1867/68 errichteten und mit jeweils einem schieferverblendeten Staffelgeschoß versehenen Wohnbauten Am Zirkus Nr. 2–3 und Nr. 4–6 erhalten geblieben.

Friedrich Hitzig (1811–1881), als Architekt, Akademieprofessor und Unternehmer tätig, war vor Errichtung der Markt-

Am Zirkus

halle bereits mit dem Bau der Börse (1859–64) über die Grenzen Berlins hinaus bekannt geworden. Auch er gehörte noch der Generation von Baumeistern an, die durch Schinkel beeinflußt worden war, aber inzwischen neue Wege eingeschlagen hatte und die Epoche des Historismus einleitete. Diesem im Nachhinein als »Karneval der Stile« bespöttelten Zeitabschnitt der Architektur ist in den letzten Jahrzehnten neue Aufmerksamkeit zuteil geworden. Bei aller berechtigten Kritik an den Auswüchsen, der »Neigung zur Scheinarchitektur, die über das wahre Wesen einer baukünstlerischen Schöpfung hinwegtäuschen soll«[9] (Adolf Rosenberg, 1899), öffne-

Albrechtstraße Nr. 27, ehemalige Friedrichs-Realschule

ten Hitzig und andere den Blick für die Vielfalt des Bauens und Gestaltens, eine im Grunde moderne und pluralistische Auffassung.

Hitzig, der 1829 die Feldmesserprüfung und nach Praktika bei Schinkel 1835 die Baumeisterprüfung abgelegt hatte, entstammte einer der ältesten und vornehmsten jüdischen Familien Berlins. Seine Vorfahren, Daniel Itzig und dessen Sohn Isaak, waren als Unternehmer und Hofbankiers immer wieder von den preußischen Herrschern herangezogen worden, risikoreiche wirtschaftliche Unternehmungen und Kriege zu finanzieren. Der Großvater Friedrich Hitzigs, Stadtrat in Potsdam, hatte sich 1799 taufen lassen und den Namen Itzig abgelegt, mit dem später Menschen jüdischen Glaubens von den Nazis verhöhnt wurden. Friedrich Hitzigs Vater, Jurist und Kriminologe, machte sich als Schriftsteller einen bleibenden Namen. Aus seiner Feder stammte die erste Biographie E.T.A. Hoffmanns. Das Erbbegräbnis der Familie befindet sich auf dem Dorotheenstädtischen Friedhof, in unmittelbarer Nähe der Ruhestätte Karl Friedrich Schinkels.

Mit zwei Schulbauten hatte auch Stadtbaumeister Hermann Blankenstein (vgl. Wolfgang Feyerabend: Quer durch Mitte – Die Spandauer Vorstadt, Berlin 1999) seinen Anteil am weiteren Ausbau der Friedrich-Wilhelm-Stadt. Nachdem 1848/49 mit dem Friedrichs-Realgymnasium (Friedrichstraße Nr. 126) eine erste Schule im Viertel entstanden war, errichtete er für die Friedrichs-Realschule 1873/74 den roten Klinkerverblendbau in der Albrechtstraße Nr. 27. Das kompakte, viergeschossige Gebäude, in seiner Gestaltung an Schinkels Bauakademie erinnernd, verfügte ursprünglich über dreizehn Achsen, von denen sechs im Zweiten Weltkrieg zerstört wurden. Ab 1925 war im Haus außerdem die Städtische Taubstummenschule untergebracht. Seit den sechziger Jahren wird es als Berufsschule genutzt.

Als Grundschule (26. und 179.) entstand 1889 das Gebäude Albrechtstraße Nr. 20. Mit seinem dreigeschossigen Baukörper fügt es sich in die Traufhöhe der benachbarten Wohnhäuser ein. Die gelb gefaßte Fassade wird durch rote Klinker gegliedert. Im Hof findet das Vordergebäude Fortsetzung in einem Seitenflügel. Ihm schließt sich die etwas später entstandene Turnhalle an. Heute befindet sich eine Kindertagesstätte im Komplex. Es ist nicht zuletzt diese ununterbrochene Nutzung bis in die Gegenwart, die für die Solidität der Bauten Hermann Blankensteins (1829–1910) spricht. Neben den 120 Schulen, die er in Berlin errichtete, gehörten das Polizeipräsidium und die Zentralmarkthallen am Alexanderplatz zu seinen wichtigsten Werken. Beide Gebäude wurden im Krieg vernichtet.

Im Haus Albrechtstraße Nr. 20 (eine Gedenktafel findet sich auch hier nicht) verbrachte der spätere Philologe Victor Klemperer (1881–1960) einen Teil seiner Kindheit. »Von unserem Wohnen in Bromberg weiß ich fast nichts, von unserer ersten Berliner Wohnung alles, jede Einzelheit intra et extra muros. Ich sagte mir die Adresse mit großstädtischem Stolz in postalischer Exaktheit her: Berlin NW, Albrechtstraße 20. Offenbar war diese Wohnung gemietet worden, weil sie in fast gleichem und gleich geringem Abstand von Vaters und Georgs Amtsstätte lag. Ein paar Straßenzüge vor der Front unseres Hauses befand sich die Charité, ein paar Straßenzüge hinter seiner Rückseite, in der gassenartig schmalen, von der brausenden Friedrichstraße abzweigenden Johannisstraße das Gotteshaus der jüdischen Reformgemeinde.«[10] Der Bruder Georg war Arzt, der Vater Rabbiner.

Klemperer, der seit 1920 an der Technischen Hochschule in Dresden lehrte, wurde 1933 aus »rassischen« Gründen aus seinem Amt entfernt und schrieb unter schwierigsten Bedingungen in dieser Zeit sein Buch »LTI« (Lingua Tertii Imperii, Die Sprache des Dritten Reiches). Es erschien nach dem Zweiten Weltkrieg und machte ihn international bekannt. Weltweite Aufmerksamkeit errangen seine aus dem Nachlaß veröffentlichten Tagebücher, in denen er minutiös den Alltag unter dem Naziregime festgehalten hatte.

Nach Plänen von August Busse, der im Reichsinnenministerium für die Staatsbauten des Deutschen Reiches verantwortlich war, entstand 1887–91 auf den Grundstücken Luisenstraße Nr. 33–34 das Kaiserliche Patentamt. Die pompösen Formen der Sandsteinfassade mit Risalitgliederungen, stark gekröpften Gesimsen und reichem figürlichen Schmuck, entsprachen schon dem gesteigerten Repräsentationsbedürfnis der Wilhelminischen Ära. Nach dem Ersten Weltkrieg wurde das Gebäude als Finanzamt genutzt. Zu DDR-Zeiten befanden sich in ihm das Amt für Preise und schließlich die Generalstaatsanwaltschaft. Derzeit sind hier die Abgeordnetenbüros der Bundestagsfraktion Bündnis 90/Die Grünen untergebracht.

August Busse (1839–1896) hatte an der Bauakademie studiert und nach praktischer Tätigkeit in Berlin und Aachen Stationen im Marine- und Handelsministerium sowie bei der Ministerial-Baukommission durchlaufen. 1876 erhielt er eine Anstellung im Kriegsministerium. Nach drei Jahren hatte er

Ehemaliges Kaiserliches Patentamt, derzeit Sitz der Bundestagsfraktion Bündnis 90/Die Grünen, Luisenstraße Nr. 33–34

sich ins Reichskanzleramt hochgearbeitet, wo er für die Staatsbauten Verantwortung trug. 1884 erfolgte der Wechsel ins Reichsinnenministerium. Busse verkörpert den seltenen Fall des Berliner Baumeisters (oder Prominenten), der auch in Berlin geboren wurde.

1887 erwarb die Allgemeine Elektrizitäts-Gesellschaft (AEG) das Grundstück Schiffbauerdamm Nr. 22 und ließ hier ein Kraftwerk zur Elektrizitätsversorgung der Stadt errichten. Es war das vierte seiner Art in Berlin. Wilhelm Albert Cremer (1845–1919) und sein Partner Richard Wolffenstein (1846–1919), die in Berlin eine fast unüberschaubare Anzahl von Wohn- und Geschäftshäusern errichteten, wurden mit den Planungen des Verwaltungsgebäudes beauftragt, in das nach der Fertigstellung sowohl die Zentralverwaltung der »Berliner Elektricitäts-Werke« als auch die der AEG einzog. Die neunachsige Fassade mit übergiebeltem Mittelrisalit verwies mit ihrer neobarocken Formensprache wiederum auf den Geschmack der Zeit. Der Komplex gehört zusammen mit dem 1905/06 durch Alfred Messel vorgenommenen Erweiterungsbau zu den Kriegsverlusten.

Wilhelm Albert Cremer hatte nach einer Ausbildung bei Julius Raschdorff in Köln (dem späteren Erbauer des Berliner Doms) von 1868 bis 1875 an der Bauakademie studiert und wirkte seitdem als Privatarchitekt. Ab 1878 betrieb er gemeinsam ein Büro mit Wolffenstein. Cremer wurde auch als Lehrer an der Unterrichtsanstalt des Kunstgewerbemuseums, wo er 1885 eine Professur erhielt, und an der Technischen Hochschule tätig. Sein Partner Richard Wolffenstein, ebenfalls Lehrer an der Unterrichtsanstalt, war nach dem Studium an der Bauakademie und erfolgter Baumeisterprüfung zunächst als Mitarbeiter Wilhelm Neumanns beim Bau des Reichsschatzamtes angestellt. Seit den achtziger Jahren des 19. Jahrhunderts entwickelte sich Cremer & Wolffenstein zu einem der vielbeschäftigsten und renommiertesten Architekturbüros Berlins.

An der Invalidenstraße Nr. 48–49, gewissermaßen am Rand der Friedrich-Wilhelm-Stadt, entstand 1903–10 mit der Kaiser-Wilhelm-Militärärzteakademie ein weiterer Bau des erfolgreichen Gespanns. In ihm befindet sich heute das Bundesministerium für Wirtschaft und Technologie.

Im Auftrag der »Berliner Tattersall-Aktiengesellschaft« wurde 1888–90 im Hofgelände der Grundstücke Luisenstraße Nr. 22–24 eine neue Reitbahn mit Stallungen und Wagenremisen für die vornehme Bewohnerschaft des Viertels erbaut. Die Pläne stammten von den Architekten Blumenberg und Schreiber und erweiterten die bereits seit 1874 bestehende Anlage auf dem Hofareal Schiffbauerdamm Nr. 28. Mit der Fertigstellung fanden im Komplex 100 Pferde und 35 Kutschen Platz. Die Fassaden waren ebenfalls in repräsentativen Formen des Neobarocks gestaltet. Der englische Trainer Tattersall hatte 1777 in London die erste dieser Reitbahnen gegründet, in denen nicht nur Reitunterricht erteilt wurde, sondern auch Pferde in »Pension« gegeben werden konnten.

Nach dem Ersten Weltkrieg verstärkte sich bei den vermögenden Berlinern der Trend, aus den alten Stadtvierteln in den Neuen Westen zu ziehen. Der Tattersall mußte mangels Nachfrage aufgegeben werden und diente danach der Unterbringung von Kraftfahrzeugen und zuletzt als Autoreparaturwerkstatt. Die erhaltenen Reste des im Zweiten Weltkrieg zerstörten Bauensembles fielen in den neunziger Jahren der Neubebauung des Spreebogens zum Opfer.

Zu den historisierenden bzw. neobarocken Bauten des Viertels zählt neben dem im Zweiten Weltkrieg zerstörten Lessing-Theater am Friedrich-Karl-Ufer Nr. 1 (Kapelleufer) auch das 1891/92 errichtete heutige Berliner Ensemble am Bertolt-Brecht-Platz Nr. 1. Als Architekt zeichnete Heinrich Seeling verantwortlich. Die einst im Hintergrund der Häuser am Schiffbauerdamm befindliche und zunächst Neues Theater genannte Spielstätte war ursprünglich nur über eine kleine Stichstraße zu erreichen und hatte ihren Haupteingang an der zur Spree gewandten, turmbekrönten Südseite. Von 1903, unter der Intendanz von Max Reinhardt, datieren der Einbau der Drehbühne und des Orchesterraumes. Vor und nach dem Ersten Weltkrieg wurde das Haus als Musikbühne – Neues Operettenhaus (1907), Neues Operettentheater (1921) – genutzt. Weltruf erlangte die Einrichtung, die 1925 in Theater am Schiffbauerdamm umbenannt worden war, mit der Uraufführung der »Dreigroschenoper« von Bertolt Brecht und Kurt Weill.

Bertolt-Brecht-Platz mit dem Berliner Ensemble (Theater am Schiffbauerdamm) und dem von Fritz Cremer geschaffenen Denkmal

Nach den Kriegszerstörungen erfolgten tiefgreifende bauliche Veränderungen am Gebäude. Von der einstigen Fassade blieben lediglich die Grobgliederungen erhalten; der Eingang wurde an die langgestreckte Ostseite verlegt. Die nur teilweise beschädigte neobarocke Innenausstattung konnte hingegen weitgehend wiederhergestellt werden und vermittelt noch immer die intime Atmosphäre und spielerische Leichtigkeit, die Seeling dem Theater zu geben vermocht hatte.

Um die Jahrhundertwende trat eine neue Generation von Baumeistern auf den Plan, deren Anfänge nicht mehr von Schinkel oder seinen nahen Mitarbeitern, sondern von den Historisten geprägt worden war. Zu ihnen zählten Architekten wie Kurt Berndt, Kurt Diestel, Kaspar Clemens Pickel oder Ludwig Hoffmann.

Die wachsenden Anforderungen, die an das Garnisons-

Denkmal von Rudolf Siemering mit der Schauwand von Gropius & Schmieden für den Augenarzt Albrecht von Graefe, Luisen-, Ecke Schumannstraße, 1882 errichtet

lazarett, die spätere Charité, gestellt wurden, erforderten bereits seit 1785 bauliche Erweiterungen. Sie wurden bis 1837 in mehreren Schritten vorgenommen. Auf Initiative von Ministerialdirektor Friedrich Althoff, an den eine Bronzebüste auf dem Gelände erinnert, begann zwischen 1897 und 1913 die Neubebauung des Charité-Areals an der Schumannstraße Nr. 20–21 (ursprünglich Unterbaumstraße Nr. 7). Die Pläne lieferte der Architekt Kurt Diestel.

Umgeben von Grünflächen entstand ein Ensemble von Ein-

Gedenktafel am ehemaligen Gebäude der von Julius Hirschberg begründeten Augen-Heilanstalt, Reinhardtstraße Nr. 34

zelbauten, in denen die unterschiedlichen Spezialkliniken getrennt untergebracht werden konnten. Die Fassaden der drei- bis fünfgeschossigen Gebäude wurden in Mischformen der märkischen Backsteingotik (Erker, Zwerchhäuser) und des Jugendstils gestaltet. Große Segmentbogenfenster sorgten von Anfang an für viel Tageslicht in den Krankensälen und -zimmern. Loggien gestatten den Patienten, sich an der frischen Luft aufzuhalten, ohne das Haus verlassen zu müssen. Neue technische Lösungen für die künstliche Beleuchtung, die Belüftung und Heizung der Räume ergänzten das damals überaus fortschrittliche Konzept. Im Gelände der Charité finden sich darüberhinaus zahlreiche Denkmale (Wilhelm Griesinger, Otto Heubner, Hugo Lederer, Ernst von Leyden u.a.) die an berühmte Ärzte und Forscher des Klinikums erinnern.

Gebäude der ehemaligen privaten Frauenklinik von Paul Straßmann, Schumannstraße Nr. 18

Insbesondere im frühen 20. Jahrhundert übte die Charité eine Sogwirkung auf die Standortwahl neuentstehender Kliniken und im medizinischen Bereich tätiger Unternehmen aus. So gab es in den zwanziger Jahren mehr als ein Dutzend chirurgiemechanischer Werkstätten in der Friedrich-Wilhelm-Stadt. Die letzte dieser Art, die 1907 gegründete Firma Willy Knollmeyer in der Charitéstraße Nr. 4, zog erst Ende der neunziger Jahre aus dem Viertel weg. Auf den nach der Sanierung zusammengelegten Grundstücken Nr. 4 und 5 befindet sich heute im Eckraum zur Reinhardtstraße das Café »Mierscheid«.

Zu den namhaften Kliniken, die sich nahe der Charité ansiedelten, gehörten die von Julius Hirschberg ins Leben gerufene Gemeinnützige Augen-Heilanstalt in der Reinhardtstraße

Nr. 34 und die von Paul Straßmann begründete private Frauenklinik in der Schumannstraße Nr. 18. Der Geheime Rat Prof. Dr. Hirschberg hatte seit 1873 in einem ursprünglich an dieser Stelle der Reinhardtstraße befindlichen Wohnhaus praktiziert. 1908 wurde der Neubau, das heutige Gebäude, eröffnet. Nach dem Tode Hirschbergs im Jahre 1925 führte sein Mitarbeiter Wilhelm Mühsam das Institut weiter. Die Nazis erzwangen mit den »Rassegesetzen« 1936 die Schließung der Einrichtung. Prof. Straßmann, Leiter der Frauenklinik, wurde wegen seiner jüdischen Herkunft bereits 1933 des Amtes enthoben. Das sehenswerte Jugendstilgebäude von 1909 (Architekt Max Fraenkel) beherbergte bis Ende der neunziger Jahre die Fachschule für Medizinalberufe und harrt derzeit der Rekonstruktion. Als ärztliche Fortbildungsstätte war 1904–06 außerdem das Kaiserin-Friedrich-Haus, Robert-Koch-Platz Nr. 7 entstanden. Die Pläne hatte der Lieblingsarchitekt des Kaisers, Ernst von Ihne (1848–1901), geliefert. Von 1950 bis 1977 war im Haus die Akademie der Künste der DDR untergebracht. Gegenüber befindet sich das von Fritz Klimsch geschaffene Denkmal für den Chemiker und Nobelpreisträger Emil Fischer.

Von dem Architekten Kurt Berndt sind zweifellos die im Spandauer Viertel gelegenen Hackeschen Höfe (1906/07) der bekannteste Bau. 1904/05, und damit schon zwei Jahre vor Errichtung von Deutschlands größter Wohn- und Gewerbehofanlage, hatte er allerdings in der Friedrich-Wilhelm-Stadt ein nicht minder elegantes Gebäudeensemble fertiggestellt. Es sind dies die Häuser der Köpjohannschen Stiftung in der Albrechtstraße Nr. 13–14 und am Schiffbauerdamm Nr. 8.

Schiffbaumeister Friedrich Köpjohann hatte durch Testamentsverfügung 1792 eine mildtätige Stiftung begründet, die er unter die Aufsicht der Sophienkirche stellen ließ. Auf den Grundstücken, die die Stiftung erhielt, richtete man ein Witwen- und Waisenhaus ein. Es war in erster Linie für die weitläufige Verwandtschaft der Köpjohanns bestimmt, sollte aber, wenn freie Plätze zur Verfügung stünden, auch andere Hilfsbedürftige des Viertels aufnehmen dürfen.

Hof Albrechtstraße Nr. 15

1861 wurden auf den Grundstücken Albrechtstraße Nr. 15 und 16 im Auftrag der Stiftung zwei Wohnhäuser errichtet, die 1880 durch An- und Umbauten ihre heutige Baugestalt erhielten. 1904 schließlich begann mit Mitteln aus dem Stiftungskapital die Neubebauung des Geländes vom Schiffbauerdamm her.

Für das Bauprojekt hatte man Kurt Berndt gewonnen, der sich bereits mit dem vielgelobten Umbau der Sophienkirche (1891/92) den Verantwortlichen der Gemeinde und den ihr nahestehenden Einrichtungen empfohlen hatte. Der über die Eckgrundstücke Albrechtstraße/Schiffbauerdamm geführte Komplex erhielt eine einheitliche Gestaltung in den repräsentativen Formen der deutschen Renaissance. Die zum Schiffbauerdamm gelegenen Schauseiten wurden als Putzfassaden mit Sandsteinverkleidung ausgebildet, die hofseitigen und sich in der Albrechtstraße fortsetzenden Bauten erhielten rote

Schiffbauerdamm Nr. 8 mit dem Restaurant
»Ständige Vertretung«

Klinkerfassaden mit sandsteingerahmten Fenstern. Die edle Innenausstattung folgte dem neuesten Geschmack, dem Jugendstil.

Kurt Berndt war mit dem Werk offenbar so zufrieden, daß er sich mit seinem »Atelier für Bauausführungen« gleich im Haus Albrechtstraße Nr. 13 einmietete. Die Wohnhäuser der Sophiengemeinde in der Großen Hamburger Straße Nr. 29–31 (1904/05), der Zollernhof Unter den Linden Nr. 36–38 (1910/11), in dem das ZDF Hauptstadtstudio heute sein Domizil hat, sowie die Kurt-Berndt-Höfe in der Neuen Schönhauser Straße Nr. 20 (1912) sind weitere Arbeiten dieses Architekten. Im Erdgeschoß der Gebäude Albrechstraße, Ecke Schiffbauerdamm sind heute u.a. die Restaurants »Broker's Bierbörse«, der von dem Schauspieler Fritz Decho betriebene »Kartoffelkeller« und, die rheinische Gastlichkeit repräsentierend, die »Ständige Vetretung« untergebracht.

Der gleichen Formensprache, dem Stil der deutschen Renaissance, bediente sich auch Kaspar Clemens Pickel beim Bau des Maria-Viktoria-Krankenhauses in der Reinhardtstraße Nr. 14–16. Die wuchtige Fassade des viergeschossigen Klinkerverblendbaues wird durch werksteinverkleidete Erker und übergiebelte Risalite, Fenster- und Portalumrahmungen aufgelockert. Das 1910 errichtete Gebäude entstand nach dem St. Hedwig-Krankenhaus in der Großen Hamburger Straße Nr. 5–11 und dem St. Joseph-Krankenhaus in der Niederwallstraße Nr. 8–9 als drittes Hospital der katholischen Gemeinden. Im 18. Jahrhundert hatte es für die in Berlin lebenden Katholiken lediglich eine Ambulanz gegeben. Sie befand sich in der Gipsstraße Nr. 3.

Der Standort des Maria-Viktoria-Krankenhauses dürfte wiederum mit Bedacht gewählt worden sein. Ein reger wissenschaftlicher und praktischer Austausch war allein durch die räumliche Nähe zur Charité und den anderen Kliniken gewährleistet. Dennoch schloß auch das Katholische Krankenhaus bereits 1938. Die Zentralisierungsmaßnahmen im Gesundheitswesen, die Benachteiligung konfessioneller Einrichtungen, vor allem aber die schon erwähnte Vertreibung jüdischer Ärzte führten seit dem Machtantritt der Nazis zum rapiden Niedergang des traditionsreichen Medizinerviertels. In das Gebäude des Maria-Viktoria-Krankenhauses zog bezeichnenderweise der tiefbraune Reichsnährstand, Landesbauernschaft Kurmark ein. Die Gegenseitige Bauernhilfe sowie der Deutsche Bauernverlag, offenbar unbesorgt über diese Art von »Traditions«bildung, nutzten das Haus zu DDR-Zeiten.

Die Liberal Vermögensverwaltung GmbH und Co. KG kaufte in den neunziger Jahren das leerstehende und heruntergewirtschaftete Gebäude und ließ es nach Plänen der Architekten Hoffmann und Krug aus Kiel von 1995 bis 1998 umfassend sanieren. Seitdem hat die Bundeszentrale der FDP im Haus ihren Sitz. Im Erdgeschoß sind das Café »Jazzpresso« und das Restaurant »Manzini Mitte« untergebracht.

Über die Lebenswege Kurt Berndts, Max Fraenkels, Kurt Diestels und Kaspar Clemens Pickels ist wenig bekannt. Anders verhält es sich bei Ludwig Hoffmann, der 1896 die Nachfolge Blankensteins als Stadtbaumeister antrat. Hoffmann, 1852 in Darmstadt geboren, studierte zunächst an der Kunstakademie in Kassel und ab 1874 an der Berliner Bauakademie. Aus der Studienzeit datierte die lebenslange Freundschaft mit dem ebenfalls aus Darmstadt stammenden Alfred Messel. Mit dem Bau des Reichsgerichtsgebäudes (1886–96) in Leipzig hatte sich Hoffmann erste Meriten als Architekt erworben. In der bis 1924 in Berlin ausgeübten Funktion als Stadtbaurat für Hochbau entstanden unter seiner Leitung zahlreiche öffentliche und private Bauten wie der Märchenbrunnen im Volkspark Friedrichshain, das Märkische Museum, das Pergamon-Museum oder das Stadthaus. Seine besten Arbeiten bezeichnen den vorsichtigen Übergang vom Historismus zur baulichen Moderne.

Beredtes Beispiel dafür ist das Haus Albrechtstraße Nr. 26, das Hoffmann 1912 als Verwaltungsgebäude der Städtischen Gaswerke erbaute. In der unmittelbaren Nachbarschaft zur Blankensteinschen Realschule werden hier, wie an keiner anderen Stelle Berlins, die unterschiedlichen Konzeptionen der beiden Stadtbaumeister auf engstem Raum deutlich. Der zurückhaltend gestaltete dreigeschossige Putzbau Hoffmanns verzichtet weitgehend auf historisierendes, Aufmerksamkeit heischendendes Beiwerk. Mit den paarweise angeordneten hochrechteckigen Fenstern und den steilen Walmdächern wird die Vertikale des Baukörpers betont. Der beinahe wehrhafte Charakter erzeugt ein Gegengewicht zum höheren und

Gebäude der Ukrainischen Botschaft,
Albrechtstraße Nr. 26

durch die Klinkerfassaden zusätzlich massiv erscheinenden Schulgebäude.

So vorwärtsweisend hat Hoffmann kaum wieder gebaut. Insbesondere nach dem Ersten Weltkrieg ging er mehr und mehr hinter schon erreichte Positionen zurück und langte dort an, wo er begonnen hatte, beim Historismus. Als er 1932 starb, waren seine Bauten ähnlich umstritten wie seinerzeit die seines Vorgängers Blankenstein. Ende der neunziger Jahre wurde das Gebäude saniert. Heute befindet sich hier die Botschaft der Ukraine.

In den zwanziger Jahren wandte sich das Interesse zusehends von der Friedrich-Wilhelm-Stadt ab. Standesgemäß wohnte und residierte man von nun ab um den Ku'damm herum oder am grünen Rande Berlins. Die Veränderung der sozialen Struktur nötigte Firmen und Geschäfte, der Kundschaft in den Neuen Westen zu folgen. Bedeutende Neuansiedlungen von Unternehmen gab es nicht mehr. Von Umbauten und Modernisierungen bestehender Gebäude abgesehen, ruhte seitdem die Bautätigkeit.

Die ab 1937 von Albert Speer begonnenen Planungen für eine Welthauptstadt »Germania«, die auch die bauliche Struktur des Viertel einschneidend verändert hätten, jedoch mit Kriegsbeginn auf Eis gelegt wurden, hinterließen außer einigen wenigen Gebäudeabrissen zum Glück keine Spuren. Vom nazistischen Größenwahn blieb aus den Jahren 1941–43, das Ende schon vorzeichnend, ein Luftschutzbunker übrig. Der Hochbau an der Albrechtstraße Nr. 24–25, Ecke Reinhardtstraße, dessen Sprengung die umliegenden Wohnhäuser in Gefahr gebracht hätte, wurde zu DDR-Zeiten als Lebensmittel-, später Materiallager genutzt. In den frühen neunziger Jahren zog eine Techno-Disco ein. Derzeit steht der Betonkoloß leer.

Nach dem Zweiten Weltkrieg galt es zunächst, die ärgsten durch Bomben und Artilleriebeschuß entstandenen Schäden zu beheben. 1954–59 wurde die Hautklinik der Charité in der Luisenstraße Nr. 2–3 erbaut. Ein schlüssiges Gesamtkonzept zur Wiederbelebung des Stadtteils blieb jedoch aus, obwohl von 1949 bis 1976 sogar die Volkskammer der DDR im Viertel, in der Luisenstraße Nr. 58–59, ihren Sitz hatte. In dem 1914/15 von Hermann Dernburg errichteten Haus waren ursprünglich die Deutsche Gesellschaft für Chirurgie und die Medizinische Gesellschaft untergebracht gewesen. Nach dem Auszug der Volkskammer nutzte die Akademie der Künste bis 1987 das Gebäude.

Seit Ende der siebziger Jahre begannen Sanierungen an den Bauten des Charité-Geländes in der Schumannstraße Nr. 20–21. Von 1976 bis 1982 entstand nach dem Entwurf von Karl-Ernst Swora (Gesamtleitung Ehrhardt Gißke) das mit einundzwanzig Geschossen weithin sichtbare Hochhaus, das Chirurgische Zentrum der Charité. Erst in den achtziger Jahren er-

Charité-Hochhaus

folgten die Rekonstruktion von Häuserzeilen in der Marien- und Schumannstraße sowie der Neubau von Wohn- und Geschäftshäusern an der Westseite der Friedrichstraße (u.a. Passage »Dreispitz«), an der Luisenstraße (damals Hermann-Matern-Straße) und am Schiffbauerdamm.

Tordurchfahrt, Luisenstr. 19,
Künstlerheim Luise

Prominente des Viertels

Hatte es schon im 18. Jahrhundert mit dem Stadtgouverneur Graf Wartensleben, dem Hofbankier Veitel Heine Ephraim oder dem Maler Antoine Pesne einige vornehme und bedeutende Berliner Persönlichkeiten gegeben, denen die vorstädtische Gegend als Wohnsitz geeignet erschienen war, so zog bald nach der planmäßigen Bebauung des Viertels eine ganze Reihe von Ärzten und Offizieren, Unternehmern und Wissenschaftlern, Künstlern und Lebenskünstlern in das Gebiet.

Eine der ersten prominenten Familien war die von Bülowsche, die sich 1827/28 das Stadtpalais in der Luisenstraße Nr. 18 errichten ließ. Zu der weitverzweigten, alteingesessenen preußischen Adelsfamilie hatte General Friedrich Wilhelm Graf Bülow von Dennewitz (1755–1816) gehört, der in der siegreichen Schlacht bei Großbeeren gegen die napoleonischen Truppen mit dem Ausspruch populär geworden war: »Unsere Knochen sollen vor Berlin bleichen! Nicht rückwarts!«. Heinrich Freiherr von Bülow (1791–1846), ein weiteres Familienmitglied, war als Geheimer Staatsrat in Preußen maßgeblich an der dem Wiener Kongreß folgenden Restaurationspolitk und der Verfolgung von »Umstürzlern« wie Friedrich Ludwig Jahn beteiligt.

Das erhalten gebliebene Palais mit klassizistischer Fassade und prunkvollen Innenräumen hat eine wechselvolle Geschichte erlebt. 1946 eröffnete die Sowjetische Kommandantur im Haus den Künstlerklub »Die Möwe«. Als Namensgeber diente das gleichnamige Theaterstück von Anton Tschechow. Zu DDR-Zeiten wurde der Künstlertreff unter die Oberhoheit des Ministeriums für Kultur gestellt. Von 1969 bis 1990 übernahm die Gewerkschaft Kunst des FDGB das Sagen. 1995 wurde dem Klub wegen inzwischen entschiedener Rückübertragungsansprüche gekündigt. Zunächst hatte die Landesvertretung Hamburg den Kauf des Anwesens ins Auge gefaßt. Erworben wurde es schließlich vom Bundesland Sachsen-Anhalt. Prozeßstreitigkeiten verhindern allerdings nach fünf Jahren Leerstand noch immer die Nutzung und vor allem die dringend notwendige Rekonstruktion des denkmalgeschützten Hauses. Zusammen mit dem restaurierten Nachbargebäude Nr. 19, in dem heute das Künstlerheim Luise untergebracht ist, zeugt es von der Erstbebauung der Luisenstraße im frühen 19. Jahrhundert.

In der Luisenstraße Nr. 60, die Gedenktafel am Nachbarhaus wurde nach 1989 entfernt, fand im Oktober 1836 der Student Karl Marx seine erste Berliner Bleibe. Der Achtzehnjährige war von der Universität Bonn in die preußische Hauptstadt gekommen, um das Studium der Jurisprudenz fortzusetzen. Von der Luisenstraße aus zog der Sohn eines Trierer Rechtsanwalts im Frühjahr/Sommer 1837 erst einmal auf die Spreehalbinsel Stralau, wo die Luft deutlich besser war als in der Stadt. Mit einer Unterkunft j.w.d. (janz weit draußen) versprach er sich eine Besserung seiner angegriffenen Gesundheit.

Während des insgesamt fünf Jahre währenden Aufenthaltes in Berlin freundete sich Marx im damaligen »Doktorklub«, dem Café Stehely in der Jägerstraße Nr. 57, mit den Junghegelianern um Bruno Bauer an. Unter ihrem Einfluß begann er, sich mehr und mehr dem Studium der Geschichte und Philosophie zu zuwenden. In seiner 1841 an der Universität Jena eingereichten Dissertation beschäftigte er sich denn auch nicht mit Fragen der Rechtswissenschaft, sondern mit der »Differenz der demokratischen und epikureischen Naturphilosophie«.

Marx, der sich später zum radikalen sozialistischen Theore-

Luisenstraße Nr. 18 und 19, ehemaliges Palais Bülow
und Künstlerheim »Luise«

tiker entwickelte und zusammen mit Friedrich Engels das »Manifest der Kommunistischen Partei« (1848) verfaßte, wurde nach der achtundvierziger Revolution zur Persona non grata in Deutschland. Nur wenige Male noch kam er besuchsweise nach Berlin, um Freunde und Verwandte aufzusuchen. Lebenslang von seinem Freund Engels finanziell unterstützt, starb er 1883 im Londoner Exil.

Mit Friedrich Baron de la Motte Fouqué, der 1777 in Brandenburg an der Havel geboren wurde, zog 1841 ein schon bekannter Schriftsteller in die Friedrich-Wilhelm-Stadt. Die gemietete Wohnung befand sich in der Reinhardtstraße (Karlstraße) Nr. 23a. Fouqué hatte acht Jahre lang in Halle gelebt und war mit der Thronbesteigung Friedrich Wilhelm IV., zu dessen Lieblingsdichtern er gehörte, in die Residenzstadt an der Spree zurückgekehrt. Die Hoffnung auf eine Erhöhung der Pension, die er mit der Rückkehr nach Berlin verband, wurde vom König nicht enttäuscht. Die Aufbesserung der Bezüge war mehr als willkommen, sie war dringend notwendig. Nach wie vor litt zwar nicht die literarische Produktion Fouqués am Stau, wohl aber deren Absatz. Immer mehr Verleger sahen sich außerstande, die romantisch eingefärbten Geschichten von wagemutigen Rittern und zarten Jungfrauen ihrer Leserschaft zu empfehlen.

Um den einst Vielgelesenen war es still geworden. Im zerissenen und von napoleonischen Truppen besetzten Deutschland hatten seine Märchen und Romane mitgeholfen, die malträtierte deutsche Seele aufzurichten. Stoffe der germanischen und mittelalterlichen Überlieferung entdeckte er wieder. Das, was er schrieb, »Das Grab der Väter« oder »Undine« klang neu und doch vertraut. Wer wollte, fand zwischen den Zeilen geistige Konterbande. Fouqué förderte Talente wie Adelbert von Chamisso; er gab Zeitschriften heraus und Almanache. Alles fand Gehör, fand Beifall. Da wurde Goethe schon der Kranz entwunden, um ihn Fouqué zu überreichen. Doch die Zeiten hatten sich geändert. Den einen war er nun nicht mehr vaterlands-, den anderen nicht weltverbunden genug. Die Literaten des Jungen Deutschland wie des Vormärz schlugen andere Töne an.

Die wachsende Stille um sich herum ertränkte der in Vergessenheit geratene Dichter und Offizier a.D. im Alkohol, »nämlich 2 Flaschen Wein, einige Gläser Madeira und 3–4 Bouteillen Bayrischen Bieres täglich«[11], wie ein Zuträger nach »oben« zu berichten wußte. Kein Wunder, daß ihm der Suff auch noch das familiäre Glück vermasselte. Seine dritte Frau, dreißig Jahre jünger als er und bürgerlicher Herkunft, wegen der sich die Tochter aus zweiter Ehe von ihm losgesagt hatte, suchte erfolgreich Trost bei weniger trink- und arbeitswütigen Männern. In der Nacht des 22. Januars 1843 erlitt Fouqué im Treppenhaus einen Schlaganfall. Als er am nächsten Tag starb, nahm kaum jemand Notiz von seinem Tod. Auf dem Alten Berliner Garnisonfriedhof in der Kleinen Rosenthaler Straße

Grabmal Leopold von Ranke auf dem
Sophienkirchhof, Große Hamburger Straße

Nr. 3–7 wurde er beigesetzt. Sein Wohnhaus in der Reinhardtstraße ist nicht erhalten geblieben.

1844 mietete der Historiker Leopold von Ranke eine Wohnung in der Luisenstraße Nr. 24, in der er bis zu seinem Tode 1886 lebte. Das schlichte klassizistische Gebäude mit Kellerläden und Staffelgeschoß wurde im Zweiten Weltkrieg zerstört. An seiner Stelle ist heute ein in den achtziger Jahren des 20. Jahrhunderts errichteter Wohnblock zu finden. Ranke, 1795 in Wiehe an der Unstrut geboren, hatte die Fürstenschule Schulpforta bei Naumburg absolviert und anschließend in Halle und Leipzig Philologie und Theologie studiert. Sein großes Interesse galt aber schon zeitig der Geschichte.

Zunächst als Gymnasiallehrer in Frankfurt/O. angestellt, folgte er 1825 einem Ruf an die Berliner Universität, an der er 1834 einen eigenen Lehrstuhl erhielt.

Mit seiner quellenkritischen Methode, die er aus dem Anspruch ableitete, Geschichte so darzustellen, wie sie sich wirklich zugetragen hat, setzte er bis heute gültige Maßstäbe in der Forschung. Neben der Lehrtätigkeit – zu den später berühmt gewordenen Schülern gehörte Jakob Burckhardt – entstand in den folgenden Jahrzehnten ein umfangreiches, vierundfünfzig Bände umfassendes wissenschaftliches Gesamtwerk. Zu seinen bekanntesten Schriften zählen die »Deutsche Geschichte im Zeitalter der Reformation«, »Die römischen Päpste in den letzten 4 Jahrhunderten« sowie die »Englische Geschichte« und die »Französische Geschichte«.

Auch als Publizist machte sich Ranke einen Namen. Von 1932–36 gab er die »Historisch-Politische Zeitschrift« heraus, deren Beiträge zu großen Teilen von ihm selbst stammten. 1841 wurde er höchst offiziell »Historiograph des preußischen Hofes«. Noch im hohen Alter arbeitete er an der Ausgabe seiner »Sämtlichen Werke«. Sein Grabmal mit der von Friedrich Drake geschaffenen Porträtbüste befindet sich auf dem Kirchhof der Sophiengemeinde in der Großen Hamburger Straße.

Nach gescheiterter Ehe zog um 1848 der Privatgelehrte und Journalist Kaspar Schmidt in die Philippstraße. Der aus Bayreuth stammende und in Berlin ausgebildete Lehrer, der an der privaten »Lehr- und Erziehungsanstalt für höhere Töchter«, beschäftigt gewesen und dem Schuldienst entflohen war, hatte 1845 unter dem Namen Max Stirner die Schrift »Der Einzige und sein Eigentum« veröffentlicht. Darin verteidigte er das Recht des Einzelnen gegenüber dem Moloch Staat. »Mir geht nichts über mich« war einer der Kernsätze des

Grabmal Max Stirner auf dem Sophienfriedhof, Bergstraße

seinerzeit heftig diskutierten Buches, das dem Anarchismus ein theoretisches Fundament gab. So eigensüchtig wie der Leitspruch klang, war er jedoch nicht gemeint. Nachdem durch Jahrhunderte hindurch Könige und Fürsten die Völker immer wieder für ihre »hehren« Ziele eingespannt und Leid über sie gebracht hatten, rief Stirner den Einzelnen dazu auf, das eigene Schicksal endlich selber in die Hände zu nehmen.

Daß solcherart ketzerische Bücher im restaurativen Deutschland nicht dazu angetan waren, dem Verfasser ein unbeschwertes Leben zu ermöglichen, versteht sich von selbst. Geldsorgen drückten ihn nieder. Zweimal landete er im Schuldgefängnis. Kaspar Schmidt, wegen seiner hohen Stirn von den Freunden Stirner genannt, starb am 25. Juni 1856. Exakt vier Monate vor seinem fünfzigsten Geburtstag. Im Gegensatz zu dem Wohnhaus in der Philippstraße ist sein Grab auf dem Sophienfriedhof, Bergstraße Nr. 29, erhalten geblieben. Gelegentlich ziert die schmucklose Grabplatte eine dunkle Rose. Mitgebracht von Besuchern. Zu den Vergessenen gehört Stirner wohl nicht.

Mit ihm und dessen Freundeskreis, den »Sieben Weisen des Hippelschen Kellers«, stand zeitweilig auch Theodor Fontane (1819–1898) in Verbindung. Er zog 1849 in die Luisenstraße Nr. 12. Das Haus befand sich gegenüber dem Lehrgebäude der Tierarzneischule. »Mein Dreitreppenhochzimmer hatte natürlich jenes bekannte Seegrassofa, dessen schwarzgeblümter und außerdem stachlicher Wollstoff nur deshalb nicht mehr stach, weil schon so viele drauf gelegen hatten. Die Wirtin war ein Mustertyp der damaligen Berliner Philöse: blaß, kränklich, schmuddlig und verhungert. Über mir, auf dem Boden, war noch eine Mansardenstube, drin ganz arme Leute wohnten, die, wenn ich arbeiten wollte, gerade ihr Holz spellten, um aus einem Scheit ein Dutzend zu machen. Es waren aber gute Menschen, denn als ich ihnen sagte, ›das Holzspellen führe mir immer so in den Kopf‹, ließen sie's, ein Fall, den ich, als einzig dastehend in meinen Berliner Mietserfahrungen, hier doch notieren muß. Der richtige Berliner klopft dann erst recht.«[12]

Nach der auf fünfzehn Monate befristeten Stelle als Apotheker am Krankenhaus Bethanien war Fontane im September stellungslos geworden. Der Dreißigjährige hatte vor, sich von nun ab als freier Schriftsteller durchzubeißen. Ein Plan, der keineswegs »nüchternstem Erwägen«, wie es später in seiner Autobiographie heißen wird, sondern wohl eher einer gehörigen Portion Selbstüberschätzung entsprungen sein dürfte. Der Versuch mißlang gründlich. Ein knappes Jahr verbrachte Fontane in der Luisenstraße Nr. 12. Im Sommer 1850 schloß er sich der Befreiungsarmee in Schleswig-Holstein an, kehrte aber bald schon nach Berlin zurück. Freunde hatten ihm eine Anstellung als Lektor im Literarischen Kabinett des Preußischen Innenministeriums vermittelt. Eine Art Zensor. Der Traum vom Schriftsteller, vom Dichter gar, schien für immer passé.

Immerhin hatte das feste Gehalt einen Vorteil. Fontane konnte endlich Emilie Rouanet heiraten, mit der er seit fünf Jahren verlobt war. Eine standesgemäße Wohnung fand das Paar in der Puttkamer Straße. Bald darauf wurde die Stelle im Innenministerium gestrichen. Fontane verlor seinen Posten. Auch die Beamtenkarriere mit Pensionsanspruch war ausgeträumt. Ein Dreivierteljahr hielt sich die junge Familie noch die geräumige Wohnung, in der ihnen der erste Sohn geboren wurde. Dann folgte der Rückumzug ins Friedrich-Wilhelmstädtische Viertel.

Luisenstraße Nr. 35 hieß die neue Adresse. Bis auf zwei Zimmer, in denen sie selber hausten, wurden die anderen Räume an Chambregarnisten vermietet. Von den paar Einnahmen lebten sie. Schräg gegenüber residierte der allseits geschätzte Ranke. Mit ihm können sich die Fontanes nicht vergleichen. Aus der prekären finanziellen Situation rettete den mittellosen Schriftsteller 1852 ein Angebot der »Preußischen Zeitung«, als Korrespondent nach London zu gehen. Emilie blieb in Berlin zurück. Das Reisegeld mußte sich Fontane von seinem Vater borgen. Erst spät, im Alterswerk, kommt er auf die freudlosen Jahre in der Luisenstraße zu sprechen. Nur einen Steinwurf entfernt läßt er die Heldin seines 1890 veröffentlichten Romans »Stine« wohnen – die Witwe Pittelkow.

In der Schumannstraße Nr. 15 schlug im Mai 1849 der Komponist Albert Lortzing seine Zelte auf. Er war von Leipzig nach Berlin übersiedelt, um die Stelle des Kapellmeisters am eben erst gegründeten Friedrich-Wilhelmstädtischen Theater anzutreten.

»Ich bin ein geborener Berliner, verließ aber meine Vaterstadt schon mit dem zehnten Lebensjahr und lebte stets im Ausland; am Rhein, in Leipzig, Wien. Vor ohngefähr zehn Jahren begehrte man in Leipzig einen Heimatschein von mir, ich wendete mich sofort an dieses hiesige Polizei-Präsidium, wurde aber mit dem Bemerken, daß ich durch lange Entfernung von meiner Vaterstadt meiner Ansprüche verlustig wäre, abgewiesen. Seit dem Mai dieses Jahres führte mich nun das Schicksal wieder in meine Vaterstadt zurück, und ich hoffe nicht, sie wieder verlassen zu müssen. Es ergeht daher meine ergebene Bitte an ein hohes Polizeipräsidium, mir und meiner Familie das Recht meiner Heimat, falls es mir wirklich entzogen sein sollte, gütigst wieder zu erteilen, mindestens aber doch mir geneigtest andeuten zu wollen, wo die Meinigen im Falle meines Ablebens ein bleibendes Asyl zu hoffen haben.«[13]

Der Brief an die Behörde macht die ganze Not Lortzings deutlich. In Leipzig, wo seine wichtigsten komischen Opern, darunter »Zar und Zimmermann« und »Der Wildschütz«, erfolgreich uraufgeführt worden waren, hatte er keine ihm gemäße Anstellung finden können. In Wien war er mit seiner Volksoper »Undine« (nach der Märchenerzählung von Fouqué) als »zu deutsch« abgelehnt worden. Alle Hoffnung ruhte nun auf Berlin, das allerdings gewillt war, ihn als Ausländer zu betrachten. Erst im Juli 1850 gelang es ihm, Frau und Kinder aus Leipzig nachkommen zu lassen. Die Familie fand eine Wohnung in der Luisenstraße Nr. 53, gegenüber dem Haus, in dem Fontane zur Untermiete wohnte. Vom Sehen werden sie sich gekannt haben, der gestandene Komponist und der angehende Schriftsteller.

Lortzings Erwartungen in die Kapellmeisterstelle am Theater in der Schumannstraße dürften zu diesem Zeitpunkt aber schon deutlich gedämpft gewesen sein. Der Posten war miserabel bezahlt. Vom geschäftstüchtigen Direktor Deichmann, der sich des bekannten Komponisten als Aushängeschild bediente, wurde er mit immer neuen Aufgaben überhäuft. Und obwohl Lortzing sich vertraglich die Versicherung hatte geben lassen, auch komische Opern herauszubringen, bestimmten den Theaterplan und -alltag vor allem Possen und Lustspiele. Künstlerisch unausgefüllt, ständig von finanziellen Problemen bedrängt, starb Albert Lortzing am 21. Januar 1851 im fünfzigsten Lebensjahr. Für den 1. Februar war sein Vertrag am Friedrich-Wilhelmstädtischen Theater gekündigt wor-

Grabmal Theodor Hosemann auf dem Sophienfriedhof, Bergstraße

den. Sein Grab befindet sich, wie das Stirners, auf dem Sophienfriedhof an der Bergstraße.

Der 1807 in Brandenburg an der Havel geborene Theodor Hosemann entstammte einer Offiziersfamilie, die 1816 nach Düsseldorf übersiedelt war. In der dortigen »Lithographischen Anstalt von Arnz und Winckelmann«, hatte er mit zwölf Jahren seine Ausbildung begonnen und wurde bereits als Fünfzehnjähriger von seinen Lehrherren als Zeichner angestellt. Der Frühbegabte nahm nebenher Unterricht an der Düsseldorfer Akademie und bei dem nachmaligen »Nazarener« Peter von Cornelius. Mit der Eröffnung einer Filiale in der preußischen Residenz wurde der junge Hosemann von seiner Firma 1828 nach Berlin geschickt.

Mit Kinder- und Jugendbuchillustrationen, vor allem aber mit den herzhaft parodistischen Zeichnungen zu dem von Adolf Glaßbrenner herausgegebenem Almanach »Berlin, wie es ist und – trinkt« (1832–1850) wurde Hosemann rasch populär. Bis 1852 währte die enge Zusammenarbeit mit Glaßbrenner, dessen literarischen Erfindungen, wie dem »Eckensteher Nante«, er zeichnerisch Leben einhauchte. 1857 wurde er zum Professor ernannt und drei Jahre später zum Mitglied der Akademie der Künste berufen. Hosemanns langjährige Wohnung, in der er 1875 starb, befand sich in der Luisenstraße Nr. 67.

»Der alte Hosemann ließ mich in seiner Wohnung Louisenstraße, am Neuen Tor, ganz gern seine Skizzen und Zeichnungen ansehen und auch abmalen, sagte aber: ›Gehen Sie lieber auf die Straße raus, ins Freie, beobachten Sie selbst, das ist besser als nachmachen. Was Sie auch werden – im Leben können Sie es immer gebrauchen; ohne zeichnen zu können, sollte kein denkender Mensch sein!‹«[14] Der, der den Ratschlag von seinem Lehrer mit auf den Weg bekam und auch beherzigte, war kein anderer als Heinrich Zille.

In der Luisenstraße Nr. 57 befand sich von 1879 bis 1897 das Kaiserliche Reichsgesundheitsamt, an das 1880 Robert Koch als Leiter der bakteriologischen Abteilung berufen wurde. Im Hause waren vier Jahre lang sowohl seine Dienstwohnung als auch sein Laboratorium untergebracht. Eine Gedenktafel am Gebäude erinnert an den Begründer der modernen Bakteriologie, der für seine bahnbrechenden Arbeiten 1905 mit dem Nobelpreis geehrt wurde.

Robert Koch (1843–1910) hatte in Göttingen Medizin studiert und war seit 1872, ehe er dem Ruf nach Berlin folgte, im schlesischen Wollstein als Kreisphysikus tätig gewesen. Schon dort hatte er mit Forschungen zur Entstehung des Milzbrandes auf sich aufmerksam gemacht. In Berlin gelang ihm 1882 die Entdeckung des Tuberkelbazillus, dem Verursacher der zu dieser Zeit gefürchtetsten Volkskrankheit. »Jeder siebente Mensch in Deutschland stirbt an Lungentuberkulose, in Berlin jeder vierte. In anderen Industriestädten ist es ähnlich, in manchen schlimmer. Von zehn Appreteuren der Textilfabriken in Krefeld gehen neun an der Schwindsucht zugrunde.«[15]

Das 1916 von Louis Tuaillon geschaffene Denkmal
für den Mediziner Robert Koch am Robert-Koch-Platz

Die Forschungsergebnisse waren eine Sensation. Menschen aus aller Welt strömten nach Berlin. Ärzte kamen, um sich zu informieren. Kranke reisten an und erhofften sich sofortige Heilung mittels eines Präparates, dem »Tuberkulin«, das Robert Koch entwickelt hatte. Es mußten allerdings noch Jahrzehnte vergehen, ehe Mediziner tatsächlich in der Lage waren, der Krankheit Einhalt zu gebieten. 1884 gelang ihm mit dem Nachweis des Cholerabazillus eine weitere aufsehenerregende Entdeckung, für die er von Kaiser Wilhelm I. mit einer Zuwendung von 100 000 Mark bedacht wurde. Mit dem Geld konnten sich Koch und seine Frau Emmy eine Wohnung im vornehmen Tiergartenviertel, in der Bellevuestraße Nr. 6, leisten.

Während seine Ehe allmählich in die Brüche ging (er hatte sich Hals über Kopf in die siebzehnjährige Schauspielerin Hedwig Freiberg verliebt), kletterte er auf den Stufen der Karriereleiter unbeirrt weiter. Es folgten 1885 die Ernennung zum Professor und die Berufung zum Leiter des Universitäts-Instituts für Hygiene, das seinen Sitz in der Klosterstraße Nr. 36 hatte. Weltweit geachtet, trotz des Mißerfolges mit seinem »Tuberkulin«-Präparat, übernahm er 1891 schließlich die Direktion des Berliner Instituts für Infektionskrankheiten. In den Jahren von 1896 bis 1907 bereiste Koch, einen Jugendtraum verwirklichend, unterschiedlichste tropische Länder und befaßte sich mit Krankheiten wie der Malaria und der Pest. In den letzten Lebensjahren widmete er sich neuerlich seinem großen Thema, der Tuberkulose.

Einer, der bei Robert Koch Bakteriologie studierte, war der junge japanische Mediziner Mori Ogai (1862–1922). Er hatte bereits mehrere Semester in Leipzig und München verbracht und kam am 15. April 1887 nach Berlin. Im Eckhaus Marienstraße Nr. 32/Luisenstraße Nr. 39 fand er sein erstes möbliertes Zimmer. Was den strebsamen Studenten bereits nach zwei Monaten zum Umzug in die Klosterstraße bewegte, hielt er in seinem Tagebuch fest:

»Als offiziellen Grund gebe ich zwar immer die Nähe zum Hygiene-Institut an, aber das ist ganz und gar nicht der Hauptgrund. Die Wirtin in der Marienstraße, Frau Stern, ist Witwe und etwa vierzig Jahre alt. Sie wohnt zusammen mit ihrer Nichte Trudel (Abkürzung von Gertrud). In ihrer Oberflächlichkeit finden sie nicht ihresgleichen. Sie sind äußerst schwatzhaft, gehen gern aus und sagen immer, daß sie eher stürben, als ständig sittsam zu Hause zu sitzen. Daher ist nie jemand da, der meine Post entgegennimmt oder meinen Besuch empfängt, wenn ich im Institut bin. Auch kann ich es nicht leiden, daß die siebzehnjährige Trudel spätabends noch in mein Zimmer kommt und sich auf mein Bett hockt, um mit mir zu plaudern. Natürlich sind die beiden Frauen nicht von Natur aus boshaft. Noch dazu sind ihre Absichten auf den ersten Blick zu durchschauen. Doch bisher hatten sie eben keinen Umgang mit Städtern höherer Bildung und beschimpfen daher Leute, die sich mit der Wissenschaft befassen, als Stockgelehrte, und mich als deren Oberanführer.«[16]

Im Hause ist die zu DDR-Zeiten eingerichtete Gedenkstätte für Mori Ogai untergebracht, die für japanische Literaturenthusiasten inzwischen den Rang einer Wallfahrtstätte besitzt. Der Militärmediziner, der es später bis zum Generaloberarzt brachte, hat sich vor allem als Schriftsteller einen bleibenden Namen gemacht. Mit seinen in viele Sprachen übersetzten Novellen und Romanen (»Das Ballettmädchen«, »Die Wildgans«), in denen er europäische Erzähltradtionen mit denen seiner Heimat verband, wurde er einer der Wegbereiter der modernen japanischen Literatur.

Zu den heute eher Vergessenen gehört der Arzt und Schriftsteller Carl Ludwig Schleich (1859–1922). In Stettin geboren, hatte er in Zürich und Greifswald Medizin studiert und war 1882 nach Berlin gekommen, um als Koassistent in die Chirurgische Klinik (Ziegelstraße) einzutreten. In der Schumannstraße Nr. 15, in der drei Jahrzehnte zuvor Albert Lortzing eine Bleibe gefunden hatte, mietete er sich ein. Hin und her gerissen zwischen medizinischen und künstlerischen Neigungen freundete er sich mit Richard Dehmel, Gerhart Hauptmann und dem Kreis der Naturalisten an. Im Keller seines Hauses befand sich das Lokal »Zur goldenen Fünfzehn«, in dem die Schauspieler des Deutschen Theaters verkehrten. Schleich wurde einer der Stammgäste. Das Leben in der

Bohème drohte ihn zu verschlingen. Erst auf Druck seines Vater legte er, inzwischen in die Karlstraße umgezogen, 1889 das Staatsexamen ab.

Als Chirurg ließ er sich am Belle-Alliance-Platz (heute Mehringplatz) nieder. Er führte 1892 die Infiltrationsanästhesie ein, mit der bei Operationen die örtliche Betäubung möglich wurde. Die erhoffte Anerkennung als Mediziner, ein Lehramt, blieb ihm jedoch versagt. Frustriert hängte er später den Beruf des Arztes an den Nagel und widmete sich ganz der Musik, der Malerei und der Schrifstellerei. Seine 1920 im Rowohlt Verlag erschienenen Erinnerungen »Besonnte Vergangenheit« wurden zu einem der größten Bucherfolge der frühen zwanziger Jahre. Mit einfühlsamen Porträts brachte Schleich insbesondere die Skandinavier, unter ihnen den damals noch keineswegs unumstrittenen August Strindberg, dem deutschen Lesepublikum nahe.

»Das Jahr mit Strindberg war für mich und gewiß für viele, die ihm hier in Berlin nahestanden, das gedanklich ertragreichste meines Lebens. Wenn wir auch in vielen Dingen nicht einer Meinung waren, so bekam doch alles Wissenswerte für mich, den zehn Jahre Jüngeren, durch ihn eine besondere und an Originalität nicht wieder angetroffene Beleuchtung. Dabei war Strindberg eigentlich nicht sprühend geistreich, sondern schlicht, aber tief. Er hatte etwas von einem Schmied, jedes Argument dröhnte von Kraft. Er ziselierte nicht seine Gedanken, sondern er hämmerte sie ... Man fühlte oft, daß er nur andeutete, kurze Einblicke gab in das schwere Brodeln unaussprechlicher, vulkanischer Verschiebungen. Man hatte oft das Gefühl, daß er inmitten anregendster Gespräche eigentlich allein war.«[17]

August Strindberg (1849–1912), der schwedische Dramatiker, Romancier und Novellist, weilte 1892 in Berlin, nachdem er bereits Ende der achtziger Jahre ein erstes Mal die deutsche Haupstadt besucht hatte. Zu den insgesamt sechs Unterkünften während seines Aufenthaltes gehörte auch die Pension »Fulda« am Schiffbauerdamm. Da ein Fremdenheim dieses

Namens nicht in den Adreßbüchern aufgeführt wird, könnte es sich um das heute nicht mehr existierende Haus Schiffbauerdamm Nr. 1 gehandelt haben. Hier war um 1890 die einzige in der Straße befindliche Pension untergebracht.

Lang ist die Liste der Literaten, die um die Jahrhundertwende zeitweilig im Viertel Quartier nahmen: Hermann Bahr, Otto Flake, Otto Erich Hartleben, Peter Hille, Christian Morgenstern, René Schickele oder Frank Wedekind. Die einen, Bahr und Wedekind, lockte die Nähe zum Deutschen Theater; die anderen, Hille und Morgenstern, fühlten sich von der studentischen Bohème angezogen, die der Dichter Hartleben im Hinterhaus Karlstraße Nr. 32 (Reinhardtstraße) um sich versammelt hatte. Hungrig nach literarischer Anerkennung kamen die Freunde Flake und Schickele nach Berlin.

»Eines Abends war ich in Berlin, Schickele holte mich ab, wir fuhren zur Marienstraße im alten Medizinerviertel; ich sah das erste Transparent in der Spree sich spiegeln, erlöschen, wieder leuchten. Wir teilten das Zimmer, die Wirtin hieß Spikowitsch, der Name ließ sich auf das Kotillon-Motiv der Fledermaus singen, was oft geschah.

War wenig Geld da, so aßen wir Würstchen im Stehraum von Aschingers Palast, der dem Bahnhof Friedrichstraße und dem Wintergarten gegenüberlag; die Brötchen standen in Körben herum und kosteten in jenen liberalen Zeiten nichts. Ging es besser, so labten wir uns beim gleichen Aschinger im ersten Stock am Eisbein, Erbsenbrei und Schwenkkartoffeln. Kam reichlich Geld ein, so stiegen wir in die Weinabteilung, im zweiten Stock gelegen, und begannen die Mahlzeiten mit Pastetchen.«[18] Das Haus Marienstraße Nr. 13, in dem Flake und Schickele wohnten, wurde im Zweiten Weltkrieg zerstört, das Grundstück Ende der neunziger Jahre neu bebaut.

Zwei Namen verleihen der Friedrich-Wilhelm-Stadt bis heute Glanz: Max Reinhardt und Bertolt Brecht. Keiner von beiden hat im Viertel gewohnt und ist dennoch aus demselben nicht wegzudenken. Der 1873 in Baden bei Wien geborene Max Reinhardt begann als Schauspieler in Salzburg und

Porträtbüste Otto Brahm von Eberhard Bachmann auf dem Vorplatz des Deutschen Theaters und der Kammerspiele

folgte als Einundzwanzigjähriger dem Ruf nach Berlin ans Deutsche Theater. Bereits während der schauspielerischen Tätigkeit unter Otto Brahm begann er, mit eigenen Theatergründungen hervorzutreten. So rief er 1898 die Sezessionsbühne und 1901 das Kabarett »Schall und Rauch« ins Leben. 1903 erwarb er das Neue Theater am Schiffbauerdamm. Seine »Sommernachtstraum«-Aufführungen wurden eine Sensation und ließen ihn als Regisseur weit über Berlin hinaus bekannt werden.

1905 kaufte Reinhardt das Deutsche Theater und den benachbarten Embergschen Ballsaal (Schumannstraße Nr. 14), den er zu den Kammerspielen umbauen ließ. Unter seiner Intendanz entwickelten sich beide Häuser zu führenden Sprechbühnen im deutschsprachigen Raum. Während das Deutsche Theater maßstabsetzende Klassikerinszenierungen herausbrachte, widmeten sich die Kammerspiele vorrangig dem Gegenwartsschaffen solcher Autoren wie Henrik Ibsen, August Strindberg oder Frank Wedekind. Reinhardt beließ es nicht dabei, die besten Schauspieler an seine Häuser zu verpflichten; er gründete auch eine Schule, in der der künstlerische Nachwuchs herangebildet werden konnte.

»Ewig unvergeßlich wird mir der Augenblick bleiben, als ich zitternd, mit lautklopfendem Herzen den Prüfungssaal der Schauspielschule betrat und mit aller mir zur Verfügung stehenden Inbrunst die Luise in ›Kabale und Liebe‹ sprach... Und wenn ich mich auch inzwischen weit von meinem damaligen Ideal weg zu einer Spezialdarstellerin für schlampige Dienstmädchen, anrüchige Zimmervermieterinnen usw. entwickelt habe, so werde ich doch meinen Entschluß nie bereuen, mich in der Schauspielschule des Deutschen Theaters ausbilden zu lassen, denn sie hat mir etwas Grundlegendes mit auf den dornenvollen Weg gegeben, ohne das man meiner Ansicht nach selbst bei stärkster Begabung kein guter Schauspieler werden kann: das technische Rüstzeug, Sprech-, Atem- und Körperbildung,«[19] erinnerte sich 1930 die Schauspielerin Annemarie Hase.

Weniger Erfolg war Reinhardts Großem Schauspielhaus beschieden, das er nach dem Ersten Weltkrieg in der von Hitzig errichteten und von Poelzig umgebauten Markthalle etablierte. Der Fehlschlag bewog ihn, 1920 die deutsche Hauptstadt zu verlassen und nach Wien zu gehen. Nach vierjähriger Abwesenheit kam er zurück, um die Arbeit am Deutschen Theater wieder aufzunehmen. Gleichzeitig gründete er die Komödie am Kurfürstendamm. Vier Jahrzehnte glanzvoller Berliner Theatergeschichte hatte Reinhardt mitgeschrieben, als ihn die Nazis 1933 vertrieben. Gerade erst siebzig geworden, starb er 1943 im New Yorker Exil. Auf dem Vorplatz des Deutschen Theaters erinnert an ihn die von Wilfried Fitzenreiter geschaffene Porträtbüste.

Bertolt Brecht (1898–1956), der andere Große des deutschsprachigen Theaters in der ersten Hälfte des 20. Jahrhunderts, wohnte seit Oktober 1953 unweit der Friedrich-Wilhelm-Stadt, in der Chausseestraße Nr. 125. »Hinterhaus (wie das Vorderhaus sehr alt, zweistöckig, aus den dreißiger Jahren, also sehr hübsch, ziemlich ärmlich, für kleine Leute gebaut), ein riesiger Raum mit sehr großem Fenster, ein mittelgroßer und ein kleiner Raum (nicht sehr klein). Küche klein, da muß eine Dusche hinein. Gas und Elektrizität sind da. Klo auf halber Treppe. Unten eine Garage, gehört dazu. Hinter dem Hinterhaus kleiner Garten, der hoffentlich dazu gehört, mit einem bescheidenen Baum. Fenster gehen auf Friedhof hinaus, da ist alles grün und weit. Ich bin also sehr zufrieden. Es ist nah dem Friedrichstraßeneck und dem Probenhaus; und die Chaussee- und Friedrichstraße ist lebhaft und voll von Leuten.«[20]

Nach der Rückkehr aus dem Exil war Brecht zunächst in Weißensee untergekommen. Die beträchtliche Entfernung zum Deutschen Theater, an dem er mit seinem 1949 gegründeten Berliner Ensemble arbeitete, erwies sich aber auf die Dauer als hinderlich. Es gelang ihm schließlich, die Wohnung in der Chausseestraße zu mieten. Brecht zog in die erste Etage des Seitenflügels und des Quergebäudes, Helene Weigel, seine Frau, in das Stockwerk darüber. Von hier aus ging er täglich zum Probenhaus in der Reinhardtstraße. Der Weg führte ihn die Chausseestraße hinunter, am immer noch bestehenden Tabakgeschäft Junghanns vorbei, in dem er seine Zigarren zu kaufen pflegte. Ein paar Schritte weiter, im Eckhaus Chausseestraße Nr. 133, wohnte später der Liedermacher Wolf Biermann. 1976 wurde der mißliebige Dichter, der mit seiner Kritik am Realsozialismus nie zurückgehalten hatte, von den DDR-Oberen ausgebürgert.

Seit 1954 stand Brecht das Theater am Schiffbauerdamm, an dem 1928 seine »Dreigroschenoper« uraufgeführt worden

Grabmal Bertolt Brechts auf dem
Dorotheenstädtischen Friedhof

war, als Spielstätte zur Verfügung. Mit der Übernahme der Intendanz durch Brecht erhielt das Haus den Namen Berliner Ensemble. In den wenigen Jahren, die ihm noch vergönnt waren, widmete er sich vor allem der praktischen Theaterarbeit. Es entstanden Modellaufführungen seiner Stücke, die weltweite Beachtung fanden. Daneben wandte er sich verstärkt wieder der Lyrik zu. In Gedichten wie »Schwierige Zeiten« oder die »Die Pappel vom Karlsplatz« nahm er Bezug auf sein Wohnumfeld und das Viertel der Friedrich-Wilhelm-Stadt.

Das Wohngebäude in der Chausseestraße wurde 1977/78 umfassend restauriert und dient seither als Gedenkstätte. Im

Keller des Hauses befindet sich ein Restaurant, das mit Speisen nach Rezepten der gebürtigen Wienerin Helene Weigel (1900–1971) aufwartet. Auf dem angrenzenden Dorotheenstädtischen Friedhof fanden Bertolt Brecht und Helene Weigel ihre letzte Ruhestätte.

Quellen

Allgemeine Wohnungsanzeiger für Berlin, Charlottenburg und Umgebungen

Bauer, Roland: Berlin. Illustrierte Chronik bis 1870, Bd. 1, Berlin 1988

Berliner Adreßbücher

Brost, Harald/Demps, Laurenz: Berlin wird Weltstadt. Photographien von F. Albert Schwartz, Hof-Photograph, 2. überarb. Aufl., Berlin 1997

Datenliste Denkmalpflege Berlin

Demps, Laurenz: Die Oranienburger Straße. Von der kurfürstlichen Meierei zum modernen Stadtraum, Berlin 1998

Die Bau- und Kunstdenkmale in der DDR, Bd.1, 1983

Feyerabend, Wolfgang: Theodor Fontane in Berlin, Spurensuche Heft 2, Berlin 1994

Feyerabend, Wolfgang: Quer durch Mitte – Die Spandauer Vorstadt, Berlin 1999

Feyerabend, Wolfgang: Berliner Hoflandschaften. Ein Spaziergang durch Berlins Mitte, Berlin 2000

Fritzsche, Horst: Wegweiser zu Berlins Straßennamen. Mitte, mit einem Vorwort von Herbert Meyer. Herausgegeben von Hans-Jürgen Mende, Berlin 1995

Kaiser, Konrad: Adolph Menzel 1813–1905, Berlin 1956

Kleihues, Josef Paul; Becker-Schwering, Jan Gerd; Kahlfeldt, Paul (Hrsg),

Bauen in Berlin 1900–2000, Berlin 2000

Klünner, Hans-Werner: Theodor Fontanes Wohnstätten in Berlin, Fontane-Blätter, Heft 26, S. 107–134, Potsdam 1977

Landesarchiv Berlin A Rep. 180, Bd. 132

Landesarchiv Berlin A Rep. 180, Bd. 266

Mattenklott, Gert (Hrsg.), Jüdisches Städtebild Berlin, Frankfurt/M. 1997

Meyers Neues Lexikon, Zweite, völlig neu erarbeitete Auflage in achtzehn Bänden, Bd. 9, Leipzig 1974

Rollka, Bodo/Spiess, Volker/Thieme, Bernhard (Hrsg.), Berliner Biographisches Lexikon, Berlin 1993

Stirner, Max: Der Einzige und sein Eigentum. Mit einem Nachwort herausgegeben von Ahlrich Meyer. Durchgesehene und verbesserte Ausgabe, Stuttgart 1981

Voß, Karl: Reiseführer für Literaturfreunde. Berlin. Vom Alex bis zum Kudamm, 21.–28. Tsd., Berlin 1986

Wörner, Martin: Architekturführer Berlin von Martin Wörner; Doris Möllenschott; Karl-Heinz Hüter. Mit einer Einleitung von Wolfgang Schäche, 3. überarb. und erw. Aufl., Berlin 1991

Zech, Hermann: Die Friedrich-Wilhelm-Stadt in Berlin-Mitte, Berlin 1997

Anmerkungen

1 Fontanes Briefe in zwei Bänden. Ausgewählt und erläutert von Gotthard Erler, Bd. 2, Berlin und Weimar, 1989, S. 34

2 Nicolai, Friedrich: Beschreibung der königlichen Residenzstadt Berlin. Herausgegeben von Karlheinz Gerlach, Leipzig 1987, S. 82f.

3 Demps, Laurenz: Der Schiffbauerdamm. Ein unbekanntes Kapitel Berliner Stadtgeschichte, Berlin 1993, S. 42

4 Ebenda, S. 56f.

5 Weber, Heinrich: Wegweiser durch die wichtigsten technischen Werkstätten der Residenz Berlin in 2 Teilen, Zweiter Teil. Die Maschinenbau-Anstalten und andere Fabrikationen, Reprint der Originalausgaben 1819–1820, Leizig 1987, S. 7

6 Bettine. Eine Auswahl aus den Schriften und Briefen der Bettina von Arnim-Brentano, Auswahl und Einleitung Dr. Gisela Kähler, Berlin 1952, S. 334

7 Grillparzer, Franz: Tagebuch auf der Reise nach Deutschland, Grillparzers sämtliche Werke. Vollständige Ausgabe in 16 Bänden, Bd. 16, Leipzig o.J., S. 188

8 Rave, Paul Ortwin: Karl Friedrich Schinkel. Bearbeitet von Eva Börsch-Supan, 2. stark veränd. Auflage, München 1981, S. 35

9 Kieling, Uwe: Berlin. Baumeister und Bauten, Berlin und Leipzig 1987, S. 135

10 Klemperer, Victor: Curriculum Vitae. Erinnerungen 1881–

1918. Herausgegeben von Walter Nowojski, Bd. 1, Berlin 1996, S. 47

11 Ritter und Geister. Romantische Erzählungen von Friedrich de la Motte Fouqué. Herausgegeben und mit einem Nachwort von Günter de Bruyn, 2. Aufl., Berlin 1984, S. 299

12 Fontane, Theodor: Autobiographische Schriften, Zürich 1987, S. 665

13 Dippel, Gerhard: Albert Lortzing. Ein Leben für das deutsche Musiktheater, Berlin 1951, S. 86

14 Theodor Hosemann. Herausgegeben von Hans Ludwig, 2. Aufl., Berlin 1980, S. 99

15 Jaeckel, Gerhard: Die Charité. Die Geschichte eines Weltzentrums der Medizin von 1710 bis zur Gegenwart, Ungekürzte Ausg., 3. Aufl., München 2000, S. 530

16 Mori, Ogai: Deutschlandtagebuch 1884–1888. Herausgegeben und aus dem Japanischen übersetzt von Heike Schöche, Tübingen 1992, S. 195

17 Schleich, Carl Ludwig: Besonnte Vergangenheit. Lebenserinnerungen 1859–1991, 416.–485. Tausend der Gesamtauflage, Berlin o. J, S. 287f.

18 Flake, Otto: Es wird Abend. Eine Autobiographie, Frankfurt/M. 1980, S. 112

19 100 Jahre Deutsches Theater, herausgegeben von Michael Kuschnia, 2. durchgesehene und ergänzte Aufl., Berlin 1986, S. 84

20 Liersch, Werner: Dichters Ort. Ein literarischer Reiseführer, 2. überarbeitete Aufl., Rudolstadt 1985, S. 19

Personenregister

Objektregister